Anselm Grün

Ein Jahr
voller
Glück

Anselm Grün

Ein Jahr voller Glück

Gute Gedanken für jeden Tag

Vier-Türme-Verlag

Bibliographische Information der Deutschen Nationalbibliothek
Die Deutsche Nationalbibliothek verzeichnet diese Publikation in der Deutschen Nationalbibliographie. Detaillierte bibliographische Daten sind im Internet über http://dnb.d-nb.de abrufbar.

1. Auflage 2014
© Vier-Türme GmbH, Verlag, Münsterschwarzach 2014
Alle Rechte vorbehalten

Idee und Konzeption: Winfried Nonhoff
Textauswahl und Lektorat: Marlene Fritsch
Coverfoto: felinda / Fotolia.com
Druck und Bindung: Pustet, Regensburg
ISBN 978-3-89680-902-5

www.vier-tuerme-verlag.de

INHALT

Einladung 7

JANUAR

Den Neubeginn wagen 13

FEBRUAR

Orientierung finden 45

MÄRZ

Zur Ruhe kommen 75

APRIL

Der Verwandlung trauen 107

MAI

Sinnlichkeit entdecken 139

JUNI

Gelassenheit finden 171

JULI

Schönheit erleben 203

AUGUST

Achtsam sein 235

SEPTEMBER

Das Leben genießen 267

OKTOBER

Ernten 299

NOVEMBER

Wurzeln finden 331

DEZEMBER

Kind werden 363

Einladung

Liebe Leserin, lieber Leser!

Manche Jahre gehen an uns vorbei. Am Ende des Jahres stellen wir fest: Ich habe gar nicht gelebt. Ich bin gelebt worden. Damit Ihnen das nicht passiert, möchte ich Sie in diesem Jahr an jedem Tag mit zwei kurzen Texten begleiten. Sie sind eine Einladung, am Morgen und am Abend innezuhalten, um die Worte auf sich wirken zu lassen. Indem wir innehalten, einmal Halt machen im Hamsterrad des Lebens, bekommen wir im Inneren Halt, einen Halt, an dem wir uns festhalten können mitten in den Turbulenzen des Alltags. Wenn wir im Inneren Halt finden, brauchen wir uns nicht an Menschen oder an äußere Sicherheiten zu klammern. Wir stehen in uns selbst und können uns so ohne Angst in das Leben hineinwagen, das auf uns einströmt.

Die Worte dieser kurzen Impulse wollen Sie nicht belehren, sondern Sie in Berührung bringen mit der Weisheit Ihrer eigenen Seele. Ihre Seele weiß, was für Sie gut ist. Aber oft haben wir den Kontakt zu unserer Seele verloren. Wir leben gleichsam seelenlos dahin. Dann ist es gut, von einem anderen etwas zugesagt zu bekommen, Worte zu lesen oder zu hören, die uns berühren. Das deutsche Wort »rühren« heißt ursprünglich: etwas in Bewegung bringen, etwas anfassen, betasten und etwas miteinander mischen. Die Worte, die Sie an jedem Tag lesen, wollen Sie in Bewegung bringen, damit Sie den Weg nach innen gehen, zum Grund Ihrer Seele, in dem die Weisheit bereitliegt, die Gott in Ihre Seele gelegt hat. Die Worte wollen Sie betasten, wollen Ihr Herz berühren, damit die eigenen Gefühle und Gedanken sich mischen mit den Gedanken und Gefühlen, die sich in den Worten ausdrücken. Manchmal haben sich in unsere Seele auch negative Gedanken und Gefühle eingeschlichen. Dann ist es gut, dass wir die bittere Mischung unserer Gefühle und Gedanken mit angenehmeren Worten anreichern, sodass in unserer Seele ein wohltuender Geschmack entsteht.

Lesen Sie die Worte langsam und bedächtig, lassen Sie sie in Ihr Herz fallen und spüren Sie dann in Ihrem Herzen nach, welche Gefühle und Gedanken in Ihnen auftauchen. Vielleicht bestätigen die Worte das, was Ihr Herz und Ihre Seele schon lange wissen, was Sie aber vergessen haben in der Unruhe des Alltags. Dann trauen Sie dem, was Ihre eigene Seele Ihnen sagt. Lassen Sie sich durch die Worte in Ihrer eigenen Weisheit bestätigen und bestärken. Trauen Sie Ihrer Seele mehr als den vielen Einreden, die von außen auf Sie einstürmen und die Sie in eine ganz bestimmte Richtung bewegen möchten. Lassen Sie sich von den Worten in den Grund Ihrer eigenen Seele führen. Dort finden Sie Halt, dort entdecken Sie in sich einen Raum der Stille, einen Raum jenseits aller Worte. Die tiefste Weisheit lässt sich nicht mehr mit Worten ausdrücken. Sie übersteigt alle Worte. Aber dennoch brauchen wir Worte, um an das wortlose Geheimnis Gottes zu rühren.

Alle Worte, die aus dem Herzen gesprochen oder geschrieben sind, wollen uns letztlich über die Worte hinausführen in das Geheimnis Gottes. In jedem Wort klingt etwas an von dem Geheimnis des Wortes, von dem Johannes in seinem Prolog spricht: »Im Anfang war das Wort, und das Wort war bei Gott, und das Wort war Gott.« (Johannes 1,1) Gott selbst spricht sich im Wort aus. Und in jedem menschlichen Wort klingt etwas nach von dem Wort, das Gott selbst zu uns spricht. Heute werden viel zu viele leere Worte gemacht. Die Worte dieses Buches wollen Sie in Berührung bringen mit den Worten, die Gott selbst zu unserem Herzen spricht.

Gott spricht nicht nur Worte, die uns in Berührung bringen mit dem Geheimnis unseres Lebens. Gott – so sagt es einmal Romano Guardini – spricht über jeden Menschen ein Urwort, ein Passwort, das nur für diesen Menschen stimmt. Unsere ganze Aufgabe wäre es, dieses eine Wort, das Gott nur in uns ausgesprochen hat, in dieser Welt vernehmbar werden zu lassen. Wir können dieses einmalige Wort Gottes nicht in Worte fassen. Es übersteigt unsere Worte. Aber wir erahnen etwas davon, dass wir ein Wort Gottes sind. So wird auch in uns Wirklichkeit, was Johannes von dem Wort aussagt, das Gott selbst ist: »Und das Wort ist Fleisch geworden und hat unter uns gewohnt. Und wir haben seine Herrlichkeit gesehen.« (Johannes 1,14) Jesus ist das einmalige und unüberbietbare Wort Gottes an uns. Aber in Jesu Schatten dürfen wir auch von uns sagen, dass wir ein Wort Gottes sind, das in uns Fleisch annehmen möchte. Wenn das Wort Gottes in uns aufscheint, dann wird etwas von der Herrlichkeit Gottes in uns sichtbar, dann leuchtet Gottes Schönheit auch in uns auf, dann entsprechen wir unserem tiefsten Wesen. Und wer seinem Wesen entspricht, der ist schön. Durch ihn wird Gottes Schönheit sichtbar.

Der christliche Weg der Meditation ist, dass das Wort uns in das wortlose Geheimnis Gottes führt, das auf dem Grund unserer Seele in uns wohnt. So wollen Sie die vielen Worte dieses Buches über die Worte hinausführen in das wortlose Geheimnis der Stille. Auf dem Grund Ihrer Seele ist dieser Ort der Stille. Er ist in jedem von uns zu finden. Aber oft genug sind wir davon abgeschnitten. Es haben sich zu viele Sorgen und Ängste, zu viele Gedanken und Überlegungen über diesen inneren Raum gelegt, sodass wir ihn nicht spüren. Die Worte dieses Buches mögen Sie in diesen inneren Raum der Stille führen. Halten Sie kurz inne, damit Sie diesen inneren Raum erahnen. Wir können ihn manchmal für einen Augenblick berühren oder spüren. Aber wir können ihn nicht festhalten. Er entzieht sich unserem Zugriff. In diesem Raum der Stille kann ich bei mir daheim sein. Und zu diesem Raum der Stille haben all die Menschen, denen ich heute begegne, keinen Zutritt. Ihre bewertenden oder verletzenden Worte können in diesen Raum nicht eindringen. Ihre Wünsche und Erwartungen nehme ich wahr. Aber sie können diesen inneren Raum nicht bestimmen. Dort in diesem Raum der Stille bin ich frei. Da kann ich aufatmen.

So wünsche ich Ihnen, dass Sie jeden Morgen und jeden Abend, wenn Sie die Worte dieses Buches in sich aufnehmen, innerlich aufatmen können, dass Sie in sich diesen Freiraum der Stille entdecken, in dem Sie ganz Sie selbst sind. In der Apostelgeschichte spricht Petrus in seiner Predigt auf dem Tempelplatz von »Zeiten des Aufatmens«, die Gott uns in Jesus Christus geschenkt hat. Ich wünsche Ihnen, dass die Zeit, in der Sie die Worte dieses Buches meditieren, jeden Tag eine Zeit des Aufatmens ist, eine Zeit, in der Sie innerlich zur Ruhe kommen und innere Erfrischung finden. Das deutsche Wort Atem heißt ursprünglich »Hauch, Seele«. Wenn Sie durch die

Worte dieses Buches aufatmen, kommen Sie in Berührung mit Ihrer Seele. Und die Seele ist immer eine Quelle der Erfrischung. So wünsche ich Ihnen täglich eine Erfrischung, indem Sie mit Ihrer Seele in Berührung kommen. Sie können sich auch mitten im Alltag, wenn Sie sich gerade erschöpft fühlen, an die Worte erinnern und sich von den Worten in den Grund der Seele führen lassen, um sich immer wieder innerlich erfrischen zu lassen.

Mögen Sie die Tage dieses Jahres als gesegnete Tage erleben. Das lateinische Wort für segnen, »benedicere«, meint: gut sprechen, gute Worte sagen. Die Worte dieses Buches mögen für Sie gesegnete Worte sein, Worte, die Ihrer Seele guttun, die das Gute in Ihrer Seele ansprechen, damit Sie das Gute in sich spüren und damit Sie sich an jedem Tag von Gott gesegnet und behütet fühlen, geschützt von den Worten, die auf Sie einstürmen. Wenn Sie mitten in den Turbulenzen des Alltags durch die Worte dieses Buches mit Ihrer Seele in Berührung kommen, dann erleben Sie, dass Sie gesegnet sind und selbst Segen sein dürfen für die Menschen, die Ihnen begegnen. In diesem Sinne wünsche ich Ihnen ein gesegnetes Jahr und jeden Tag neu den Segen Gottes, der in den Worten dieses Buches in Sie eindringen und Sie wie in einen schützenden Mantel einhüllen möge.

Ihr Pater Anselm Grün

JANUAR

Den Neubeginn wagen

1
JANUAR

Das Feld abstecken

Das Wort »beginnen« bedeutet ursprünglich »urbar machen«. Jedes Beginnen ist ein mühsames Urbarmachen. Dazu muss ich mit erst einmal ein Feld abstecken. Ich kann nicht das ganze Land meines Lebens in einem Jahr urbar machen. Ich muss mich entscheiden, welches Stück meines Landes ich in diesem Jahr urbar machen möchte.

Mit neuem Herzen

Guter Gott, wir haben ein neues Jahr begonnen. Es ist noch unbefleckt, unverbraucht. Es liegt als etwas Neues vor uns. Im Neuen ist immer auch die Verheißung, dass alles in uns erneuert wird, dass es besser wird. Schenke mir Achtsamkeit, damit das Neue, das du mir anbietest, mit einem neuen Herzen aufnehme, damit Neues in mir wachsen kann.

2

JANUAR

Damit Neues wachsen kann

Ich gehe daran, das Verwachsene auszureißen, damit mein Boden Frucht bringen kann, damit Neues darauf wachsen kann. Gott wird einen neuen Samen auf mein Feld legen. Meine Aufgabe besteht darin, es urbar zu machen, damit der Same aufgeht und Neues, Ungeahntes, Unerwartetes, Wunderbares in mir zur Blüte kommt.

Segne dieses neue Jahr

Guter Gott, schenke uns eine neue Chance, dass wir neue Wege miteinander gehen, dass Neues in uns wachsen kann. Segne dieses neue Jahr, damit es ein Jahr des Heils wird, dass Verwundetes geheilt, Zerbrochenes verbunden wird und Erstarrtes aufbricht zu neuem Leben.

3

JANUAR

Das Leben in die Hand nehmen

Neu anfangen heißt, das Leben selbst in die Hand zu nehmen. Ich übernehme die Verantwortung für mein Leben. Ich gestalte es. Ich höre auf, darüber zu jammern, dass ich durch meine Erziehung oder durch meine Veranlagung festgelegt bin. Ich kann immer neu anfangen. Ich kann das, was mir als Lebensmaterial vorgegeben ist, in die Hand nehmen und gestalten.

Selbst aufstehen und leben

Guter Gott, schenke mir den Geist der Gelassenheit, damit ich die vergangenen Dinge einfach lassen kann. Befähige mich, alte Verletzungen loszulassen und sie nicht immer als Vorwand zu benutzen, nicht selbst aufzustehen und zu leben.

4

JANUAR

Die Bausteine meines Lebens

Bevor ich jedoch daran gehe, meinen »Lebensturm« zu bauen, braucht es erst einmal das Hinsetzen. Ich brauche Zeit, um das Material meines Lebens zu sichten und gerade auch die Stolpersteine oder die zerbrochenen Steine der letzten Zeit zu meditieren und sie in meine eigenen Bausteine zu verwandeln, mit denen ich mein Leben neu aufbauen kann.

Gegenwärtig werden

Barmherziger und guter Gott, in deiner Gegenwart kann ich selbst gegenwärtig werden. In deiner Nähe komme ich mir selbst nahe. Und so werde ich bei dir ruhig und finde Frieden mitten in den Turbulenzen meiner Seele. Dank sei dir für deine heilende Liebe, die mich umgibt.

5
JANUAR

Nicht vergleichen

Ich denke über die Steine meiner Lebensgeschichte nach, um sie so zusammenzusetzen, dass meine einmalige Person sichtbar wird. Mein »Turm« muss nicht den anderen gleichen. Ich vergleiche meinen Turm nicht mit den anderen. Es kommt nicht darauf an, dass er möglichst hoch wird. Er soll meinem Wesen entsprechen.

Aufräumen

Barmherziger und guter Gott, erfülle du mein Haus mit deinem Licht und deiner Liebe. Zeige mir, wo ich dein Bild in mir vergraben habe unter meinen Sorgen und meiner Geschäftigkeit, unter meinen Ängsten und Traurigkeiten, unter den vielen Gedanken, die ich mir über die tausend Dinge des Alltags mache. Räume du in mir hinweg, was dein Bild in mir verstellt.

6

JANUAR

Der Tag liegt neu vor dir

Der neue Tag, so sagt uns eine russische Weisheit, ist wie ein unberührtes Schneefeld, das noch keiner betreten hat. Manche Menschen stolpern in den neuen Tag einfach so hinein. Sie verpassen die Chance des neuen Anfangs, zu dem uns jeder Morgen einlädt. Wer den Tag bewusst beginnt, dem wächst jeden Morgen neue Kraft zu.

Verwandlung

Herr, sende mir deinen Heiligen Geist, damit ich neue Kraft in mir spüre, die Kraft, die ich zum Leben brauche. Erfülle mich mit deinem Heiligen Geist, dass er meine Kraftlosigkeit durchströmt und sie in Kraft verwandelt, er meine Schwäche in Stärke wandelt und meine Angst in Vertrauen.

7

JANUAR

Wechselwirkung

Es besteht eine Wechselwirkung zwischen Kraft und Anfangen. Indem ich es wage anzufangen, wächst mir auch die alte Kraft wieder zu. Und umgekehrt: Wenn ich die alte Kraft in mir wieder spüre, bekomme ich den Mut anzufangen. Ich ahne die Kraft, fange an, und im Anfangen wird die Kraft stärker.

Anpacken

Guter Gott, gib du mir deine Kraft, damit ich wieder Mut finde, das anzupacken, was heute ansteht. Vertreibe alle traurigen Gedanken und Gefühle aus meinem Herzen und erfülle mich mit Freude, Lebendigkeit und Vertrauen.

8

JANUAR

Selbst anfangen zu leben

Anfangen heißt: wieder Herr in meinem Leben werden. Und wenn ich aktiv werde, wächst mir auch eine Kraft zu. Dann lasse ich mich nicht mehr von denen beherrschen, die mich verletzt haben. Ich fange selbst an zu leben.

Mein eigenes Leben leben

Herr Jesus Christus, ich danke dir, dass du mich der Sinnlosigkeit alter Muster und Zwänge entrissen hast. Schenke mir deinen Geist, dass ich bewusst lebe, was du mir zugedacht hast, dass ich wirklich mein eigenes Leben lebe, zu dem du mich berufen hast.

9
JANUAR

Mächtig sein

Anfangen heißt: die Macht ausüben, die mir Gott zugedacht hat. Wir haben selbst die Macht, die Dinge anzupacken und anzugehen. Wir sind nicht Opfer der Lebensumstände, nicht Opfer der Erwartungen, die von außen auf uns eindringen. Wir haben die Macht, einen neuen Anfang zu setzen.

Adlerflügel

Das Neue in uns ist wie ein Adlerflügel, der uns emporhebt und mit Leichtigkeit neue Wege erproben lässt. Indem wir diese Worte in unser Herz fallen lassen, bringen sie uns in Berührung mit dem Neuen, mit den Adlerflügeln, die wir alle in uns tragen.

10

JANUAR

Achtsam sein

Einen neuen Anfang wagen heißt für mich, dass das Neue schon in mir ist. In mir ist der Geist Gottes, der mich in jedem Augenblick erneuert und Neues in mir bewirkt. Wenn ich in der Stille in mich hineinhorche, dann ahne ich, was da an Möglichkeiten in mir aufbricht. Es braucht Achtsamkeit, damit das Neue auch wachsen und Gestalt annehmen kann.

Worte in der Stille

Herr Jesus Christus, sprich zu mir in der Stille und zeige mir, dass nur eines notwendig ist: dich in mein Leben eintreten zu lassen, dir zu Füßen zu sitzen und mich von dir beschenken zu lassen. Denn du allein kannst meine tiefste Sehnsucht erfüllen.

11

JANUAR

Gott selbst fängt neu an

Gott verheißt uns einen neuen Anfang. Wir sind nicht festgelegt auf unsere Vergangenheit, auf die Verletzungen in unserer Lebensgeschichte, auf die alten Muster, die wir von unseren Eltern übernommen haben und die uns immer wieder am Leben hindern. Gott selbst fängt neu mit uns an, da er sich als Kind einlässt auf unsere Wirklichkeit.

Vergangenes sein lassen

Gott befreit uns von dem Zwang, uns von unserer Vergangenheit her zu definieren. Wie auch immer unsere Lebensgeschichte aussieht, was immer da auch falsch gelaufen ist, was auch immer uns belastet: Wir können es lassen und neu anfangen, da Gott selbst mit uns neu beginnt.

12

JANUAR

Die Vergangenheit verwandeln

Die Vergangenheit ist nicht wie ein schweres Gewicht, das uns niederdrückt. Sie wird vielmehr durch den neuen Anfang verwandelt, den Jesus auch für unsere persönliche Lebensgeschichte setzt. Sie bedrückt uns nicht mehr, sondern zeigt sich uns als Verheißung von Zukunft. Und lädt uns ein, jetzt ganz im Augenblick zu leben.

Wahrnehmen, wer ich bin

Wenn Christus in mir ist, dann ist dieser jetzige Augenblick der wichtigste. Ich nehme wahr, wer ich bin, dass in mir Christus wohnt. Dann wird alles neu. Und jeder Augenblick wird durch den immer neuen Gott geprägt.

13

JANUAR

Die Verheißung erkennen

Wenn wir an unsere eigene Lebensgeschichte denken, so denken wir vor allem an die Vergangenheit, an das, was gewesen ist. Doch die Geschichte geht weiter. Sie eröffnet eine Zukunft. So ist die Menschwerdung Gottes in Jesus Christus die Ermöglichung für jeden von uns, seine Lebensgeschichte in einem neuen Licht zu sehen und vor allem die Verheißung zu erkennen, die darin liegt.

Befreit

Herr Jesus Christus, du hast mich befreit von der prägenden Macht meiner Vergangenheit. Du hast mir neues Leben geschenkt. Ein Leben, das mir und meiner Wahrheit entspricht, das dem Bild gerecht wird, das Gott sich von mir gemacht hat.

14

JANUAR

Hindernisse

Was uns an einem neuen Anfang hindert, das ist oft das Nachgrübeln über das, was war. Wir reiben uns auf mit Schuldgefühlen. Wir überlegen, ob das Vergangene gut war oder ob wir Schuld auf uns geladen haben. Dann haben wir nicht den Mut, neu anzufangen. Wir sind noch zu sehr in der Vergangenheit verhaftet.

Deinem Urteil überlassen

Gütiger Gott, ich halte dir meine Schuldgefühle hin. Ich verzichte darauf, mich selbst zu beschuldigen. Ich halte dir einfach hin, was in mir ist. Ich überlasse mich deinem Urteil. Doch ich vertraue darauf, dass du alles in mir annimmst, auch das, was nicht so gut war, wobei ich schuldig geworden bin.

15

JANUAR

Gebunden bleiben in der Verletzung

Oft werden wir am Neuanfang auch gehindert, weil wir dem anderen nicht vergeben können. Solange wir nicht vergeben, sind wir aber an den gebunden, der uns verletzt hat. Wir bleiben letztlich an die Vergangenheit gebunden, an die vergangene Verletzung.

Vergeben für eine bessere Zukunft

Wenn wir bereit sind, einander zu vergeben, dann werden die Verletzungen uns nicht wundreiben, sondern aufbrechen, um dem anderen unser Herz zu zeigen. Dann legen uns die Verletzungen nicht auf die Vergangenheit fest, sondern eröffnen uns eine ehrlichere und liebevollere Zukunft.

16

JANUAR

Gott eine Chance geben

Es ist nicht so entscheidend, ob wir gerecht sind, ob wir alles richtig gemacht haben. Es kommt darauf an, dass wir Gott eine Chance geben. Und Gott kann unser Leben in jedem Augenblick erneuern. Wenn wir auf Gott schauen und nicht auf unsere eigene Gerechtigkeit, dann sind wir frei, neu zu beginnen.

Gütige Augen

Ich lasse dich in alle Abgründe meiner Seele schauen, damit dein gütiger Blick alles in mir verwandelt. Wenn deine Liebe alles in mir durchdringt, dann vermag auch ich alles in mir mit einem wohlwollenden Blick anzuschauen. Denn dein gutes Auge ruht auf allem, was in mir ist.

17

JANUAR

Scheitern zwingt zum Neuanfang

Immer wieder erleben wir ein Scheitern in unserem Leben. Und jedes Scheitern zwingt uns auch, neu anzufangen, denn sonst würden wir auf dem Scherbenhaufen der zerbrochenen Lebensträume und der zertrümmerten Lebenskonzepte sitzen bleiben.

Eingestehen

Es fällt uns schwer, uns einzugestehen, wenn wir gescheitert sind. Doch nur dieses Eingeständnis befähigt uns, einen neuen Anfang zu wagen. Wir schauen nicht rückwärts und verzichten darauf, nach den Ursachen des Scheiterns zu suchen. Wir lassen uns vom Scheitern aufbrechen, um etwas Neues zu beginnen, um einen neuen Aufbruch in die Zukunft zu wagen.

18

JANUAR

Nicht im Scheitern stecken bleiben

Gerade wenn wir gescheitert sind, brauchen wir den Mut, neu anzufangen. Nach einem Scheitern sind wir oft in der Gefahr, uns zu verstecken. Wir schämen uns und verbergen uns vor den anderen. Doch dann bleiben wir im Scheitern stecken, anstatt neu aufzubrechen.

Neue Chancen

Nur wenn ich mir mein Scheitern eingestehe, ohne in den anderen oder in meinem eigenen Verhalten nach der Schuld zu fragen, bekomme ich den Mut, neu anzufangen. Das Bewerten hält mich fest in der Vergangenheit. Das Annehmen des Scheiterns befreit mich für die Zukunft. Ich gestehe ein, dass ich gescheitert bin. Aber ich nehme auch die Chance wahr, neu anzufangen und meinem Leben eine neue Richtung zu geben.

19

JANUAR

Durchkreuzt

Das Kreuz durchkreuzt unsere Lebenspläne, unser Lebenskonzept, unsere Lebensträume. Aber es zerbricht uns nicht, sondern bricht uns auf für das neue Leben, das in der Auferstehung Jesu in einem strahlenden Glanz erscheint. Jedes Scheitern birgt in sich die Chance der Auferstehung.

Nicht liegen bleiben

Die Auferstehung Jesu will uns Mut schenken, dass auch wir auferstehen aus dem Grab unserer Resignation, unseres Selbstmitleids. Wir sollen nicht liegen bleiben im Grab unserer Enttäuschungen über das Scheitern. Wir sollen aufstehen, weil Gott selbst uns an der Hand nimmt und uns aufrichtet, uns Mut schenkt, aufzustehen und einen Aufstand zu wagen gegen alles, was uns am Leben hindert.

20

JANUAR

Kreuz und Auferstehung

Kreuz und Auferstehung sind Symbole dafür, dass es auch für uns kein Scheitern gibt, das nicht zu einem neuen Anfang werden kann. Auch wenn noch so viel unser Lebenskonzept durchkreuzt und durcheinanderbringt, letztlich kann uns nichts daran hindern, neu anzufangen.

Hoffnung

Die Auferstehung Jesu gibt uns Hoffnung, dass es keine Erstarrung in uns gibt, die nicht aufgebrochen werden kann zu neuer Lebendigkeit; dass es keinen Tod gibt, der nicht ins Leben mündet, und kein Grab, in dem nicht neues Leben aufblüht.

21

JANUAR

Ursymbol

Abraham ist das Ursymbol des neuen Anfangs. Für Paulus ist er das Bild des wahrhaft glaubenden Menschen. Und Glaube heißt für Paulus: auswandern aus dem Bekannten, neu anfangen in der Fremde, in einem Land, das ich noch nicht kenne.

Glauben heißt ausziehen

Glauben heißt: sich von Gott führen lassen in neue Möglichkeiten des Lebens hinein. Glauben heißt nicht nur, einen festen Stand haben, sondern auch ausziehen aus allem Festen, allem Vertrauten, aus allem Erreichten.

22

JANUAR

Auszug

Die frühen Mönche haben den Auszug Abrahams meditiert. Für sie gilt es, auszuziehen aus den Abhängigkeiten, in die wir hineingeraten sind. Wir sollen ausziehen aus den Bindungen, die uns fesseln, aus Beziehungen, die uns einengen, aus Gewohnheiten, die uns festnageln.

Sich auf den Weg machen

Der Glaube, so wie ihn die Abrahamsgeschichte versteht, meint, dass wir ständig auswandern sollen aus der Vergangenheit, um einen neuen Anfang zu wagen. Glauben heißt: voller Vertrauen sich auf den Weg in eine neue Zukunft zu machen, von der ich nicht weiß, wie sie aussehen wird.

23

JANUAR

Gottes Segen geht mit uns

Wenn wir ausziehen und neu anfangen, wissen wir oft nicht, was dabei herauskommt. Es ist immer ein Wagnis, das wir eingehen. Und es braucht das Vertrauen, dass Gott uns begleitet auf diesem Weg. Gottes Segen geht mit uns, sodass wir auf dem Weg des Glaubens und Neuanfangs selbst zum Segen für andere werden.

Gehalten in guten Händen

Barmherziger Gott, verwandle du meine Zweifel in Vertrauen. Schenke mir dieses Vertrauen auch, wenn ich vor schwierigen Situationen stehe und nicht weiß, wie es weitergehen soll. Lass mich vertrauen, dass du mich in deinen guten Händen trägst, dass du deine schützende Hand über mich hältst und mir den rechten Weg zeigst, auf dem ich weitergehen soll.

24

JANUAR

Glaube hält lebendig

Der Glaube hält uns lebendig. Er lädt uns ein, immer wieder neu anzufangen und uns nie zufriedenzugeben mit dem Erreichten. Denn Gott, den wir erreichen wollen, ist der Unerreichbare und Unbegreifliche, auf den hin wir zeit unseres Lebens auf dem Weg sind.

Geborgen

Gott, ich weiß, dass du immer bei mir bist. Auch wenn ich weit weg bin von dir, kann ich wieder zu dir zurückkommen, und du empfängst mich mit deinen barmherzigen Armen. Auch wenn ich manchmal Umwege und Irrwege gehe, hältst du immer deine Arme auf, damit ich mich darin bergen kann.

25

JANUAR

Nun mache ich etwas Neues

Beim Propheten Jesaja habe ich eine wunderbare Textstelle über das Neue gefunden, das schon in mir ist und das mein Leben ohne Überbewertung des Vergangenen neu prägen möchte: »Denkt nicht mehr an das, was früher war; auf das, was vergangen ist, sollt ihr nicht achten. Sehr her, nun mache ich etwas Neues. Schon kommt es zum Vorschein, merkt ihr es nicht?« (Jesaja 43,18f)

Wortmeldung

Der Prophet begnügt sich nicht damit, das Neue anzukündigen, das Gott an uns wirkt. Er sagt vielmehr, dass das Neue sich schon in uns regt. Wir sollen in uns hineinhorchen. Dann werden wir merken, dass das Neue sich schon in uns zu Wort meldet.

26

JANUAR

Gott lässt unsere Wüste erblühen

Irgendwann sollten wir das Grübeln über die Vergangenheit loslassen. Es ist vorbei. Jetzt geschieht etwas Neues in uns. Gott selbst handelt an uns. Gott lässt unsere Wüste erblühen. Das Verdorrte in unserem Leben wird auf einmal fruchtbar.

Mit Gott Neues wagen

Ich muss nicht alles neu machen. Ich brauche nur dem Neuen zu trauen, das sich schon in mir regt. Dann wage ich auch nach außen, das Neue zu leben, in meiner Arbeit, meiner Beziehung, meiner Spiritualität und in meinem Lebenskonzept. Ich wage das Neue, weil Gott schon das Neue mit mir gewagt hat.

27

JANUAR

Verändern? Verwandeln!

Im Wort »verändern« ist schon etwas Aggressives: Ich muss mich ändern, weil ich so, wie ich bin, nicht gut genug bin. Ich muss aus mir einen anderen, besseren Menschen machen. Darin steckt Selbstablehnung. Die christliche Antwort auf das Verändern ist jedoch die Verwandlung. Sie ist sanfter und zeigt: Alles in mir darf sein. Ich schaue es an und halte es Gott hin.

Gott selbst setzt einen neuen Anfang in mir

Verwandlung ist die Verheißung, dass Gott selbst in mir einen neuen Anfang setzt. Aber es ist kein abrupter Anfang, der das Alte total ablehnt. Vielmehr wirkt Gott in dem, was ich ihm hinhalte, die Verwandlung. Das Ziel der Verwandlung ist, dass ich immer mehr in die Gestalt hineinwachse, die Gott mir zugedacht hat.

28

JANUAR

Das Alte neu werden lassen

Das Neuwerden ist ein Prozess, der unmerklich abläuft. Aber am Ende steht ein neuer Mensch, ein erneuerter, verwandelter Mensch. Nicht einer, der Altes einfach abgeschnitten hat, sondern einer, in dem das Alte neu geworden ist.

Jesus, der Erneuerer

In Jesus kommt Gott selbst zu uns, um unser Leben zu erneuern. Wenn Gott Mensch wird, dann wird der Mensch neu. Dann fällt alles Alte von ihm ab, das ihn am Leben gehindert hat. Der Mensch hat teil an dem ewig Neuen, am Geist Gottes, der uns erneuert.

29

JANUAR

Anfangen

Wenn wir anfangen zu sprechen, was uns das Herz eingibt, dann setzt der Heilige Geist einen neuen Anfang bei den Menschen. Wir brauchen seine Kraft, um mit dem Sprechen anzufangen. Aber wenn wir den Mut dazu finden, dann schafft der Heilige Geist auch in anderen Menschen einen neuen Anfang.

Eine Liebe, die alles neu macht

Gütiger Gott, erfülle alle Menschen, die meinen Alltag teilen, mit dem Geist des neuen Anfangs. Befreie auch sie von allem, was sie belastet, und zeige ihnen, dass sie nicht festgelegt sind durch die Vergangenheit, sondern dass du täglich mit uns neu anfängst, dass deine Liebe alles in uns neu macht.

30

JANUAR

Durchströmt

Wenn ich dem anderen mein aufgebrochenes Herz zeige, dann kann die Liebe alles in mir und im anderen durchströmen. Dann wird die Liebe durch die Konflikte stärker anstatt abzunehmen. Die Verletzungen werden dann nicht zu einem gegenseitigen Aufrechnen führen, sondern immer wieder zu einem neuen Aufbruch.

Aufbruch

Wir lassen den Panzer zerbrechen, den wir um unser Herz aufgebaut haben. Wir lassen unser Herz aufbrechen für den anderen. Das führt dazu, dass wir selbst immer wieder aufbrechen, einen Aufbruch wagen, um neu anzufangen.

31

JANUAR

Die Lust des Anfangs

Der Anfang soll keine Last werden, die Sie täglich auf sich nehmen. Er soll in Ihnen vielmehr neue Lebendigkeit hervorrufen. Es braucht die Lust des Anfangs. Sie können vielleicht damit beginnen, jeden neuen Morgen bewusst als neuen Anfang zu verstehen. Dann wird sich Ihr Leben verwandeln.

Gib mir Vertrauen

Guter Gott, gib mir die Gewissheit, dass ich mein Leben schaffe und dass es sich lohnt zu leben. Öffne meinen Blick für all die schönen Dinge, die du mir schon geschenkt hast und die du mir auch weiterhin schenken willst. Lass mich voll Vertrauen in das Leben schreiten.

FEBRUAR

Orientierung finden

1

FEBRUAR

Wegweiser

Unsere Welt wird immer vielfältiger und undurchschaubarer. Daher sehnen sich viele Menschen nach einer klaren Orientierung. Sie suchen nach guten Anweisungen, wie ihr Leben gelingen kann. Die Zehn Gebote möchten solche Wegweiser sein, die unserem Leben Richtung geben, die es richtig werden lassen.

Friedensweg

Gütiger Vater, lass den Weg, den wir miteinander gehen, zu einem Weg werden, der uns in immer größere Lebendigkeit und Freiheit und zu immer größerem Frieden führt.

2
FEBRUAR

Wegmarken in der Werte-Wüste

Die Zehn Gebote sind Wegmarken auf der Reise durch die Werte-Wüste, in der wir uns heute befinden. Sie können uns einen Weg zeigen, wie die menschliche Gemeinschaft gelingt, wie ein Wirtschaften im Zeitalter der Globalisierung aussehen kann, das die Würde des Menschen wahrt und uns auf Dauer guttut.

Quellen der Kraft

Indem die Zehn Gebote uns die Richtung zeigen, in die wir gehen sollen, schenken sie uns auch die Kraft, uns auf den Weg zu machen. Wer die Richtung kennt, kennt auch die Quellen der Kraft, aus denen er schöpfen kann, um das Ziel zu erreichen.

3

FEBRUAR

Liebe ist das Gebot!

Jesus hat die Zehn Gebote nicht in viele Einzelgebote aufgefächert, sondern sie auf das Liebesgebot reduziert und damit verdichtet. Er hat verstanden, worum es in den Geboten letztlich geht: um die Frage, ob wir Gott und den Menschen und uns selbst lieben und ob die Liebe die eigentliche Grundlage unseres Lebens ist.

Keine Last, sondern Freude

Die Gebote Gottes wollen keine Last sein, sondern den Menschen erfreuen und erquicken. Sie sollen seine Augen erleuchten, damit er die Welt so sieht, wie sie ist. Nur in diesem Sinn können wir die Gebote Gottes richtig verstehen. Sie schützen die Freiheit, die Gott dem Menschen geschenkt hat.

4

FEBRUAR

Heutige Götzen

Für uns heute heißen die Götter nicht Baal oder Astarte, sondern Erfolg oder Besitz, Reichtum oder Ansehen, Vergnügen oder Ruhm. Wenn Gott nicht die Mitte unseres Lebens ist, dann greifen andere Götter nach uns. Dann wird uns wichtig, was andere von uns halten. Dann machen wir uns abhängig von ihrer Meinung, von ihrer Zustimmung, von ihrer Zuwendung.

Schenke mir Vertrauen in mich

Barmherziger Gott, schenke mir Vertrauen in mich selbst. Ich zweifle oft an mir, habe Angst, was die anderen von mir denken könnten, ob ich mich vor ihnen blamiere. Ich möchte nicht ständig um mich kreisen, sondern mich einfach dem Leben zuwenden und den Menschen, die du mir zur Seite gestellt hast.

5

FEBRUAR

Gott Gott sein lassen

Wenn Gott die Mitte meines Lebens ist, komme auch ich in meine Mitte. Wenn ich Gott Gott sein lasse, dann werde ich wahrhaft Mensch. Gott ist der Garant wahrer Freiheit. Götzen haben immer die Tendenz, die Menschen zu versklaven.

Glücksgötzen

Heute werden in vielen Illustrierten und Ratgebern ständig neue Methoden angepriesen, die uns das Glück verheißen. Doch in erlebe viele Menschen, die dadurch nicht glücklicher werden, sondern sich auf neue Weise versklaven.

6

FEBRUAR

»Du sollst keine fremden Götter neben mir haben«

Gott will uns mit seiner Weisung, keine fremden Götter neben ihm zu haben, davor bewahren, uns in neue Abhängigkeiten zu begeben. Wenn Gott nicht die Mitte unseres Lebens ist, fallen tausend Götzen in den leer gebliebenen Gottesraum ein.

Sehnsucht

Gütiger Gott, vor dir erkenne ich, dass weder die Anerkennung der Menschen noch Reichtum meine tiefste Sehnsucht zu erfüllen vermag. Du allein wirst meine Sehnsucht stillen.

7

FEBRUAR

»Du sollst Gott, deinen Herrn, lieben, mit deinem ganzen Herzen«

Gott darf nicht missbraucht werden, sich selbst zu versklaven. Und er darf nicht als Schlachtruf verwendet werden, andere Menschen zu unterdrücken. Vielmehr ist die Verehrung des einen und einzigen Gottes der Garant menschlicher Freiheit. Denn die Liebe zu Gott mit ganzem Herzen verlangt auch die Liebe zu seinen Geschöpfen.

Gott im Nächsten lieben

Wir lieben Gott im Nächsten. In jedem menschlichen Gesicht leuchtet Gottes Antlitz auf. Und wir lieben Gott, indem wir uns selbst lieben, indem wir gut mit uns umgehen, indem wir in uns das Geschöpf Gottes lieben. Wer sich selbst verachtet, verachtet auch Gott, der ihn geschaffen hat.

8

FEBRUAR

Selbstbild

Mit unseren Selbstbildern legen wir uns fest. Und oft genug benutzen wir Gott, um unser Selbstbild zu erhöhen. Das zweite Gebot will uns sagen: Verzichte auf alle Bilder, die du dir von dir selbst machst. Im Grund weißt du selbst nicht, wer du bist. Dein innerstes Wesen kannst du nicht beschreiben. Es entzieht sich dir.

Gott schafft weiten Raum

Gott befreit dich auch von deinen eigenen Festlegungen auf ein Bild von dir. Er schafft dir weiten Raum. Geh deinen Weg und verzichte darauf, dich auf deinen Selbstbildern auszuruhen. Dein Bild von dir wird sich immer wandeln, bis es im Tod eingeht in den ganz anderen Gott.

9

FEBRUAR

Fanatisch gottlos

Wer fanatisch für seinen Glauben eintritt, hat sich immer schon ein festes Bild von Gott gemacht. Und er missbraucht diesen selbst gefertigten Gott, um seine eigenen verdrängten Aggressionen und Machtbedürfnisse auszuagieren. Er beschimpft und bekämpft die anderen im Namen Gottes. So ist gerade das zweite Gebot heute aktueller denn je.

Sein lassen

Guter Gott, manchmal fühle ich mich gedrängt, in andere Menschen einzudringen und sie zu belehren, dass sie doch einsehen, was mir klar ist. Gib mir die Gabe der Gelassenheit, dass ich die Menschen lassen kann, wie sie sind, und dass ich auch mich selbst lassen kann.

10

FEBRUAR

Fruchtbare Arbeit

Gott hat den Sabbat gesegnet. Segnen bedeutet im Alten Testament Fruchtbarkeit. Wenn er den Sabbat segnet, will Gott also, dass unser Leben Frucht bringt. Wenn wir uns eine Weile von unserer Arbeit ausruhen, tut das auch der Arbeit gut, sie wird fruchtbarer.

Heilige Zeit

Der Sabbat ist geheiligt, das bedeutet: Er ist herausgenommen aus dem Herrschaftsbereich der Welt, aus dem Terror der Termine, aus dem Druck der Erwartungen, dem wir uns ständig ausgesetzt fühlen. Es ist eine heilige Zeit, die uns und Gott gehört, in der niemand über uns verfügen kann.

11
FEBRUAR

Mit Christus aufstehen

Wir feiern dann den Sonntag richtig als Tag der Auferstehung, wenn wir mit Christus aufstehen aus dem Grab unserer Angst und Resignation, wenn wir aufstehen, um das Leben zu feiern, das uns Christus in seiner Auferstehung geschenkt hat.

Von allen Fesseln befreit

In seiner Auferstehung hat Christus uns von allen Fesseln befreit, die uns einengen möchte. Wir entdecken unsere Würde. Wir erkennen, dass wir mehr sind als Pflichterfüller und Lastenträger. Wir sind frei von allen Erwartungen, die andere an uns richten.

12

FEBRUAR

Königinnen und Könige

Der Sonntag ist ein Freiraum mitten in der Welt, eine heilige Zeit, die uns guttut und heilsam ist für Leib und Seele. Sie befreit uns von äußerem Druck und lässt uns aufatmen. Dieser Tag schützt unsere Freiheit und erinnert uns jede Woche daran, wer wir eigentlich sind: Könige und Königinnen, die selbst leben, anstatt gelebt zu werden.

Atem holen

Guter Gott, ich gönne mir eine Pause. Du bist der Atem, der mich durchdringt. Ich will Atem holen, aufatmen, dich selbst einatmen, damit ich nicht kurzatmig werde, sondern mit deinem langen Atem all das erfülle, was ab morgen ansteht.

13

FEBRUAR

»Du sollst Vater und Mutter ehren«

Die Eltern zu ehren heißt nicht, dass ich alles rechtfertige und gutheiße, was sie getan haben. Es geht vielmehr darum, dass ich sie realistisch sehe und sie als die ehre, die sie sind. Ich achte sie als die, die mir das Leben geschenkt haben. Ich verbeuge mich vor dem, was sie versucht haben, mir weiterzugeben.

Wurzellos

Die Eltern ehren bedeutet, dankbar zu sein für die, die uns geboren und erzogen haben, dankbar zu sein für unsere Herkunft. Wer seine Herkunft nicht respektiert, der bleibt wurzellos. Er lebt nur im Augenblick. Aber er weiß nicht, woher er kommt und wohin er geht.

14

FEBRUAR

Zurückschauen

Respekt kommt vom lateinischen Wort »respicere«, das »zurückschauen, Rücksicht nehmen« bedeutet. Ich kann nur nach vorne schauen, wenn ich erkenne, woher ich komme. Ich komme nur weiter, wenn ich Rücksicht nehme auf den Weg, den ich bisher gegangen bin.

Respekt

Wir wissen heute, dass viele psychologische Probleme von verdrängten Familiengeheimnissen herrühren. Es braucht den Blick zurück, damit wir nicht wiederholen, was an Unheil in unserer Herkunftsfamilie geschehen ist. Ohne Respekt für die Eltern und Großeltern werden wir unser Leben nicht so gestalten können, dass es zum Segen wird.

15

FEBRUAR

»Du sollst nicht töten«

Gott will gerade das Leben der Schwachen schützen. Das heißt dann auch, dass wir kein Recht haben, einen anderen Menschen zu töten, außer wir würden in äußerster Notwehr handeln. Wir haben kein Recht, einen Krieg anzufangen, um uns zu bereichern. Und wir haben kein Recht, ungeborenes Leben, das sich selbst nicht schützen kann, zu töten.

Wo töte ich?

Mir ist die Auslegung des fünften Gebots für mein konkretes Leben wichtig. Es will mich dafür sensibel machen, wo ich Gewalt gegen andere ausübe, wo ich anderen keine Chance lasse, sich in ihrer Person zu entfalten.

16

FEBRUAR

Abgeschnitten vom Leben

Nicht zu töten heißt auch, sich selbst nicht zu töten. Das bezieht sich nicht nur auf den Suizid, sondern auch auf die vielen Weisen, durch die wir psychische Bereiche in uns abschneiden und damit einen Teil in uns vom Leben abhalten.

Schutzlos

Viele psychische Krankheiten entstehen, weil Menschen etwas in sich abgetötet haben. Auch unser eigenes Leben bedarf des Schutzes, gerade dann, wenn es uns nicht gut geht, wenn wir dieses Leben am liebsten wegwerfen würden. Gerade dann braucht es das göttliche Gebot, damit dieses Leben wieder zur Blüte kommt.

17

FEBRUAR

Ich will leben

Auf mich selbst bezogen bedeutet das fünfte Gebot: Ich will leben. Alles, was Gott mir an Gaben geschenkt hat, will leben. Allem will ich den Raum gewähren, den es braucht, um zu wachsen und zu blühen. Ich will nichts in mir abtöten. Auch das, was mir an mir nicht passt, will ich zulassen.

Dem anderen Raum geben

Barmherziger Gott, gib mir ein Vertrauen, das den aufrichtet, der nicht vertrauen kann, das einen Raum um ihn schafft, in dem er sich angenommen weiß und in dem das aufblüht, was in ihm steckt.

18

FEBRUAR

Ich bin treu

Das sechste Gebot ist ein Gebot an mich, das, positiv gewendet, heißt: Ich bin treu. Ich stehe zu dem Partner, mit dem ich mein Leben teile. Ich betrachte ihn nicht als Besitz, aber ich habe mich an ihn gebunden. Ich nehme mich und ihn ernst. Daher stehe ich zu mir und zu ihm oder ihr.

Warten können

Die Treue gibt dem Partner die Chance, dass er sich wiederfindet, wenn er sich verloren hat, dass er sich weiterentwickelt, wenn er seinen Stillstand bemerkt, dass er eine neue Zuneigung spürt, wenn seine Liebe erkaltet ist. Treue hat mit Wartenkönnen zu tun.

19

FEBRUAR

Nicht alles sein

Wenn ich glaube, dass Gott meine tiefste Sehnsucht erfüllt, dann kann ich dankbar genießen, was mein Partner mir an Liebe und Geborgenheit schenkt. Ich werde ihn nicht mit zu hohen Erwartungen überfordern. Wenn er nicht alles für mich sein muss, kann ich dankbar annehmen, dass er mir das gibt, was er zu geben vermag.

Segen für uns

Guter Gott, segne unsere Partnerschaft. Lass uns immer dankbar sein für unsere Liebe und schenke uns die nötige Achtsamkeit, damit wir nie übersehen, was der andere für uns tut und was er uns bedeutet. Segne unser Miteinander, dass wir uns ergänzen und stützen und unsere Liebe immer tiefer wird.

20

FEBRUAR

»Du sollst nicht stehlen«

Wenn wir das siebte Gebot auf unsere Zeit aktualisieren, so meint es nicht in erster Linie die kleinen Diebstähle, die wir in der Beichte oft bekannt haben. Hier geht es vielmehr um Menschendiebstahl, um ein Ausnützen des Menschen.

Macht haben über andere

Das siebte Gebot wendet sich an jene, die über andere Macht haben und damit Gefahr laufen, diese zu missbrauchen. Der Mensch hat eine unantastbare Würde. Wir dürfen diese Würde nicht mit Füßen treten, indem wir beispielsweise aus einem Angestellten immer mehr »herauspressen«.

21

FEBRUAR

Nachfolgen

Wer an seinen Gütern hängt und sie nur für sich besitzen will, der hat den Geist Jesu nicht verstanden. Jesus fordert die Solidarität der Besitzenden mit den Armen. Nur dann erfüllen sie seine Nachfolge.

Ich habe genug

Positiv gewendet könnte man das siebte Gebot formulieren: Ich habe genug. Ich bin dankbar für das, was ich habe. Ich gebe mich zufrieden mit dem, was Gott mir gegeben hat. Ich schaue nicht ständig auf die anderen und ihr Eigentum. Weil ich genug habe, lasse ich auch dem anderen das, was er hat.

22

FEBRUAR

Du sollst kein falsches Zeugnis geben!

Das achte Gebot lädt uns dazu ein, unser Sprechen zu überprüfen: Wo sind unsere Worte verletzend? Wo verdrehen sie die Wahrheit?

Rufmord

Mit unwahrem Zeugnis wird ein Mensch zugrunde gerichtet. Er ist schutzlos der falschen Anklage ausgesetzt. Wenn er sich nicht wehrt, weil er sie als haltlos ansieht, steht er in der Öffentlichkeit als Schuldiger da. Wenn er sich wehrt, sagt man, er habe es nötig.

23
FEBRUAR

Ehrlich sein

Das achte Gebot will uns dazu einladen, ehrlich zu sein. Ehrlich sein heißt nicht nur, im Gespräch mit anderen ehrlich meine Meinung zu sagen und den Sachverhalt aufrichtig und wahrheitsgemäß wiederzugeben. Ehrlichkeit verlangt auch, mir selbst gegenüber ehrlich zu sein.

Ungeschminkt

Ich bin ehrlich mir selbst gegenüber, wenn ich meine Wahrheit ungeschminkt anschaue, wenn ich zu meinen Schwächen und zu meinen Stärken stehe und wenn ich aufhöre, mich selbst zu zerfleischen. Dazu gehört auch, mich selbst zu ehren.

24

FEBRUAR

Verhakt

Es geht nicht nur um das Thema Lüge oder Wahrheit, sondern darum, ob wir mit Worten einen anderen verletzen. Worte, die unsere Würde verletzen, hängen noch jahrelang in unserem Herzen wie Angelhaken, die wir nicht mehr herausziehen können.

Wahrhaftig

Nur wenn wir in der Wahrheit sind und wahrhaftig uns selbst und anderen gegenüber, werden wir die Freiheit erfahren, in die Jesus uns durch sein Leben und seine Botschaft führen möchte.

25

FEBRUAR

»Du sollst nicht begehren deines nächsten Frau«

Wenn ich mich verliebe, so fasziniert mich am anderen, was auch in mir ist, was ich aber bei mir noch zu wenig entfaltet habe. Anstatt das Gefühl des Verliebtseins gewaltsam zu unterdrücken, wäre es meine Aufgabe, mit dem Potenzial meiner eigenen Seele in Berührung zu kommen.

Kein Besitz

Statt den anderen für mich haben zu wollen, lasse ich mich von ihm an das erinnern, was auch in mir lebt und noch mehr leben möchte. Dann führt er mich zu mir selbst, zu meiner eigenen Liebesfähigkeit und zu der Quelle der Liebe, die in mir sprudelt.

26

FEBRUAR

Berührt werden

Sexualität kann zum Ort der tiefsten Verletzung werden. Hier öffne ich mich dem anderen ganz und gar, gerade im leiblichen Sinn. Mit dem Leib berühre ich den anderen in der Tiefe seiner Person. Und wenn ich ihn da nur begehre statt zu ehren, verletze ich ihn zutiefst.

Mit Hingabe

Der Sinn der Sexualität besteht in der Hingabe an den anderen, in der Vollendung der Liebe zum anderen. Damit sie gelingt und ihrem Wesen entsprechend gelebt wird, braucht sie den Schutz des göttlichen Gebots.

27

FEBRUAR

Eigener Reichtum

Wer begehrlich nach des Nächsten Haus und Habe schielt, hat in sich wenig Selbstwertgefühl. Er bezieht es von dem, was er hat, was er verdient und was er an Kleidung am Leib trägt. Jesus antwortet auf das zehnte Gebot mit der Mahnung, den Reichtum in sich selbst zu entdecken (Lukas 12,33f).

Wahrhaft frei

Der wahre Reichtum ist in uns. Die kostbare Perle ist das wahre Selbst in uns, der innere Kern. Wer die Lebendigkeit in sich spürt, wer in Berührung ist mit seinem wahren Selbst, der ist frei von den begehrlichen Blicken nach den Gütern der anderen.

28

FEBRUAR

Abhängigkeiten

Sinn des zehnten Gebots ist nicht nur der Schutz des Eigentums, sondern auch die Haltung der Dankbarkeit für das, was ich habe. Das Begehren tut dem Menschen nicht gut. Es macht abhängig von seiner Gier. Und dadurch schade ich nicht nur dem Bruder, sondern auch mir selbst. Die Gier ist die Quelle von Unzufriedenheit, von Unersättlichkeit und Habsucht.

Dankbarkeit befreit

Dankbarkeit befreit mich von dem Zwang, mich mit anderen zu vergleichen und meine Werke und meine Fähigkeiten über die anderer stellen zu wollen. Sie ermöglicht es mir, mich mit dem anderen zu freuen über das, was ihm gelungen ist. Ich muss weder ihn noch mich abwerten oder entwerten.

29

FEBRUAR

Sich am Reichtum der anderen freuen

Ich bin nicht nur dankbar für das, was Gott mir selbst geschenkt hat, sondern auch für die Menschen, die er mir geschenkt hat, und für die Menschen, denen er viele Gaben mitgegeben hat, die ich bei mir nicht finde. Dann bin ich nicht neidisch, sondern ich freue mich an dem Reichtum, den ich in anderen Menschen finde.

Das Herz zur Ruhe bringen

Gütiger Gott, ich halte dir in meinen Neidgefühlen meine Sehnsucht hin, damit du mein Herz zur Ruhe bringst. Und ich bitte dich in meinem Neid um die Gabe der Dankbarkeit, dass ich dankbar auf all das schaue, was du mir geschenkt hast.

MÄRZ

Zur Ruhe kommen

1
MÄRZ

Ora et labora

Das benediktinische Leitmotiv des »ora et labora« (bete und arbeite) kann eine Hilfe sein zu einem geistlichen Leben, das die Welt nicht hinter sich lassen muss, um zu Gott zu gelangen, sondern Gott in allen Dingen findet, oder, um mit Benedikt zu sprechen, die das menschliche Leben gerade in seiner banalen Alltäglichkeit so gestaltet, »dass in allem Gott verherrlicht werde« (RB 57,9).

Sinnvoller Wechsel – ausgewogenes Maß

Die Mönche halten einen sinnvollen Wechsel und ein ausgewogenes Maß von Gebet und Arbeit für den gesunden Weg zu Gott. Dieser Weg schützt uns vor Übertreibungen und vor Exzessen. Nur wenn beide im richtigen Verhältnis zueinander stehen, bleibt der Mensch gesund.

2

MÄRZ

Abwechslungsreich

Wir sollen so leben, wie Gott es uns zugedacht hat, und das bedeutet, dass wir Leib und Geist gleichermaßen betätigen, dass wir Gott und die Welt ernstnehmen, dass wir die wohltuende Abwechslung von Gebet und Arbeit als Weg annehmen, den Gott selbst uns zum Heil geschenkt hat.

Betend arbeiten

Je mehr die Arbeit überhandzunehmen droht, desto wichtiger wird es, dass Gebet und Gebetshaltung auch in den Bereichen der Arbeit lebendig werden und zum Tragen kommen.

3
MÄRZ

Arbeiten ohne Erschöpfung

Die Regel Benedikts gibt uns Wege an, wie wir mit unserer inneren Quelle in Berührung kommen und wie wir aus dieser Quelle heraus arbeiten können. Dabei kennt auch Benedikt die Müdigkeit, die durch die Arbeit entsteht. Aber es ist nicht die Erschöpfung, die einen innerlich zerreißt.

Müdigkeit, die Frieden schenkt

Diese Müdigkeit ist vielmehr eine, die einen trotz allem inneren Frieden schenkt. Denn man spürt, dass letztlich Gott selbst einen in der Arbeit gefordert hat. Wenn Gott mich fordert und nicht mein krankes Lebensmuster, dann bin ich trotz äußerer Müdigkeit innerlich im Frieden.

4

MÄRZ

Geben und empfangen

Wer gibt, weil er immer wieder empfängt und weil er aus der inneren Quelle schöpft, der kann geben, ohne zu erschöpfen. Er wird in seinem Geben auch viel zurückbekommen. Aber er ist darauf nicht angewiesen. Daher kann er genießen, was er empfängt.

Wachsam sein

Die Mönche haben eine Übung entwickelt, die sogenannte nepsis, eine Wachsamkeit, in der sie alle Gedanken, die bei der Arbeit aufsteigen, wahrnehmen, beobachten und ihnen auf den Grund gehen. Wenn ich in dieser inneren Wachsamkeit arbeite, dann wird die Arbeit für mich zu einer Chance tieferer Selbsterkenntnis.

5

MÄRZ

Inneres Heiligtum

Die Mystiker sprechen davon, dass in jedem von uns ein abgegrenzter Bezirk ist, ein heiliger Raum, ein Raum der Stille, zu dem unsere Gedanken und Emotionen keinen Zutritt haben. In diesem inneren Heiligtum wohnt Gott in uns.

Atem holen

Ich lasse mich durch den Atem und durch das Wort, das ich mit dem Atem verbinde, in den inneren Raum der Stille führen. Manchmal spüre ich ihn. Aber auch wenn ich ihn nicht spüre, gibt mir das Bild dieses inneren Heiligtums ein Gespür von Freiheit und Weite, von Heiligtum und Heilen.

6

MÄRZ

Zuflucht

Mitten im Trubel der Arbeit weiß ich: Es gibt etwas in mir, zu dem die Konflikte des Alltags nicht vordringen können. Das Heilige in mir ist dem Zugriff der Welt entzogen. Es ist wie ein innerer Zufluchtsort, in den ich mich, wenn auch nur für kurze Zeit, immer wieder zurückziehen kann.

Schutz finden

Ich fühle mich nicht mehr bedroht von der bedrängenden Nähe der Probleme und der Nähe fordernder Menschen. Allein die Ahnung von dem Heiligen in mir schützt mich vor dem Unheil der Welt.

7

MÄRZ

Achtsam mit dem Heiligen sein

Ich sehe eine wichtige Aufgabe für heute darin, das Heilige in mir zu schützen, denn dann werde ich auch ein Gespür für das Heilige in den Menschen um mich herum haben. Ich werde achtsam mit dem umgehen, was anderen Menschen heilig ist.

Segen für die Nacht

Barmherziger Gott, die Nacht breitet sich über mich, mein Haus und über meinen Alltag aus. Segne diese Nacht, dass es für mich und für die Menschen, mit denen ich mich verbunden fühle, eine gesegnete Nacht wird, dass sie den inneren Lärm mit ihrer Stille vertreibt und die Unruhe meines Herzens zur Ruhe bringt.

8
MÄRZ

Ort Gottes

Im Gebet geht es darum, den inneren Raum des Schweigens in sich zu entdecken. Evagrius Ponticus, einer der wichtigsten geistlichen Schriftsteller im frühen Mönchtum, nennt diesen inneren Raum »Ort Gottes«, weil Gott selbst ihn als Wohnort im Menschen gewählt hat.

Schweigend fallen lassen

Guter Gott, ich möchte mir nun Zeit nehmen für das Gebet. Ich möchte einfach vor dir still werden. Vertreibe meine innere Unruhe, damit ich mich schweigend in deine Liebe fallen lasse.

9

MÄRZ

Inneres Feuer

In der Meditation gehe ich nach innen, da verschließe ich die Tür, damit das innere Feuer in mir aufflammen kann. Es ist für mich ein Bild für das Heilige in mir. In mir brennt das Feuer der göttlichen Liebe. Und dieses Feuer muss ich schützen, indem ich die Tür verschließe, durch die so viele Gedanken und Emotionen in mein inneres Haus eindringen möchten.

Seelengrund

Guter Gott, lass in dieser Meditation die vielen Gedanken, die immer wieder im Kopf herumschwirren, vorbeiziehen und führe mich in den Grund meiner Seele, in dem es schon still ist, in dem du selbst in mir wohnst.

10

MÄRZ

Heilige Zeit

Jeder braucht während des Tages ein paar Augenblicke heiliger Zeit. Sie entziehen ihn der Hektik der Arbeit. Da kann er aufatmen. Da ist er ganz er selbst. Die heilige Zeit bringt mich in Berührung mit mir selbst. Und wenn ich mit mir in Berührung bin, werde ich mich nicht von den äußeren Anforderungen bestimmen lassen.

Pause!

Guter Gott, ich gönne mir jetzt eine Pause. Ich möchte dich als den Grund in mir spüren, damit ich auf festem Boden stehen kann, wenn ich wieder mit der Arbeit beginne.

11
MÄRZ

Leben statt gelebt zu werden

Die heilige Zeit – auch wenn sie noch so kurz sein mag – ist heilsam für Leib und Seele. Sie gibt mir das Gefühl, dass ich selbst lebe und nicht von außen gelebt werde, dass ich Gott gehöre und nicht der Welt und ihren Anforderungen.

Erfülle mich

Guter Gott, erfülle mich mit deinem Heiligen Geist, damit er in alle Bereiche meines Leibes und meiner Seele dringt. Dann werde ich in dir ganz ruhig. Dann werde ich fähig, mich anzunehmen, weil du ja mit deiner Liebe alles in mir durchdringst.

12

MÄRZ

Zeit, die Gott gehört

Rituale können uns regelmäßig eine »heilige Zeit« schaffen. Wenn ich zum Beispiel morgens alleine meditiere, dann ist das für mich eine heilige Zeit. Dann weiß ich: Jetzt ruft mich niemand an. Jetzt tauche ich ein in die heilige Zeit, die allein mir und Gott gehört. Dort bin ich frei von Terminen und Erwartungen.

Türöffner

Rituale öffnen die Tür zum Heiligen. Wenn wir durch ein Ritual ins Heilige eintreten, entkommen wir dem Diktat der Welt. Wir tauchen ein in eine Welt, die nicht von der Kosten-Nutzen-Rechnung geprägt ist.

13

MÄRZ

Eingehüllt

Ich kenne Menschen, die sich mitten im Trubel ihrer Alltagsarbeit gerne für einige Augenblicke in eine Kirche setzen und alle Hektik von sich abfallen lassen. In der Kirche fühlen sie sich von Gottes heilender und liebender Gegenwart eingehüllt. Hier können sie sich fallen lassen.

In guten Händen

Guter Gott, ich liege im Bett und lege mich in deine guten Hände. Umhülle mich in dieser Nacht mit deiner Liebe und deinem Frieden. Befreie mich von all dem Druck, unter den ich mich immer wieder stelle.

14

MÄRZ

Gehen

Wenn uns Probleme innerlich besetzen, wenn uns Ärger und Unzufriedenheit erfüllen, kann es eine Hilfe sein, einfach nur zu gehen. Allerdings hilft es nicht weiter, wenn wir beim Gehen über die Probleme nachgrübeln, die uns beschäftigen. Wir müssen uns bewusst freigehen, indem wir uns einfach nur dem Gehen überlassen.

Auf dem Weg

Guter Gott, ich habe mich auf den Weg gemacht. Ich schreite aus. Ich genieße es zu wandern. Im Gehen schaue ich auf das, was sich mir auf dem Weg zeigt. Ich danke dir, dass du mich überall umgibst mit deiner Schönheit und Lebendigkeit. So gehe ich und freue mich an deiner Gegenwart.

15

MÄRZ

Wandern ist Wandel

Wandern hat mit Wandeln zu tun. Wer wandert, wandelt sich. Er geht immer weiter, hält an nichts fest. Er geht sich frei von allem, was ihn beherrschen möchte. Letztlich ist es ein Zugehen auf Gott.

Draußen baden

Beim Wandern erleben wir nicht nur das Gehen als reinigend, sondern auch die frische Luft, die alles Verstaubte aus uns herausbläst. Im Regen zu wandern kann auch wie ein inneres Bad sein.

16

MÄRZ

Getrübt

Die frühen Mönche verglichen die Stille mit trübem Wein, der so lange stehen muss, bis sich das Trübe klärt. Stille kann das Trübe in mir klären. Sprechen wühlt Emotionen auf. Wenn ich schweige, kann sich der »Schmutz« setzen.

Im Schweigen nicht verschließen

Wer seinen inneren Zorn in sich verschließt, dem hilft auch Schweigen nicht weiter. Nur wenn wir in der Stille unsere innere Wahrheit, unsere Emotionen und Gedanken Gott hinhalten, kann das Aufgewühlte in uns zur Ruhe kommen und das Getrübte sich klären.

17

MÄRZ

Schweigen will geübt sein

Schweigen will geübt sein. Es gibt Menschen, die nach außen hin schweigen, aber innerlich ständig Selbstgespräche führen und den Ärger über andere in sich hineinfressen. Ihnen nützt das Schweigen nichts.

Schweigend zulassen

Schweigen heißt: all das, was in mir hochkommt, zuzulassen und anzuschauen, es anzunehmen und in die reinigende Liebe Gottes zu halten und es schließlich loszulassen.

18

MÄRZ

Blinder Fleck

Die Mönche fordern das Schweigen immer dann, wenn man einen anderen sich verfehlen sieht und geneigt ist, ihn zu verurteilen. Weil die Verurteilung des anderen blind macht für die eigenen Fehler, soll man schweigen. Im Schweigen kann man dann im Fehler des anderen die eigenen entdecken.

Unbewusstes Urteil

Ohne dass wir uns dessen bewusst sind, urteilen wir ständig über die Menschen, denen wir begegnen. Unser urteilender Verstand redet ununterbrochen in uns. Wenn wir darauf verzichten würden, die anderen immer gleich zu be- oder zu verurteilen, könnte uns das zu innerer Ruhe führen.

19

MÄRZ

Schweigen kann heilen

Das Aufdecken seiner Fehler kann den anderen entmutigen, das schweigende Zudecken heilt ihn. Das Schweigen ist hier Ausdruck einer Liebe, in der man den anderen annimmt, sich nicht über ihn erhebt, sondern um die eigene Schwäche weiß, weil man sich im Schweigen selbst begegnet ist.

Tiefer verbunden

Barmherziger Gott, decke du in dieser Nacht zu, was uns trennt, damit uns die Dunkelheit und Stille nun auf einer tieferen Ebene miteinander verbinden. Ermögliche uns in unseren festgefahrenen Konflikten durch diese Nacht einen neuen Anfang.

20

MÄRZ

Reines Schweigen – reines Herz

Für Cassian ist der Zustand des reinen Schweigens identisch mit der Reinheit des Herzens. Die Voraussetzung dafür ist die Demut, in der man nicht etwas erreichen will, weder Versenkungszustände noch absolute Stille, sondern in der man sich ganz Gott überlässt.

Was in mir ist

Barmherziger Gott, ich halte dir alles hin, was in mir ist, meine Sehnsucht, meine Sorgen und Ängste und meine innere Zerrissenheit. Ich vertraue darauf, dass du mich anschaust und dass deine heilende und liebende Gegenwart mich einhüllt, auch wenn ich sie nicht wahrnehme.

21
MÄRZ

Redend schweigen

Wenn wir sprechen, dann soll all das, was im Schweigen gewachsen ist, nicht wieder ausgerissen werden, sondern redend sollten wir das innere Schweigen bewahren. Darauf kommt es Benedikt an: statt schweigend zu reden, sollten wir redend schweigen.

Wachsendes Schweigen

Wenn einer im Glauben an Gottes Gegenwart spricht, dann unterbricht das Reden nicht sein Schweigen, sondern wächst aus ihm, es zerstört das Schweigen nicht, sondern teilt es auch den anderen mit.

22

MÄRZ

Schweigen als aktives Tun

Schweigen als aktives Tun besteht nicht darin, dass wir nicht mehr reden und denken, sondern dass wir unsere Gedanken und unser Reden immer wieder loslassen. Ob einer schweigen kann, das zeigt sich nicht an der Menge seiner Worte, sondern an der Fähigkeit loszulassen.

Anschauen und loslassen

Loslassen meint: die Gedanken wahrzunehmen und anzuschauen und sich dann davon zu distanzieren. Der Gedanke darf sein. Ich schaue ihn an und lasse ihn los. Jetzt in diesem Augenblick stelle ich ihn zur Seite. Der Gedanke ist da, aber er soll mich nicht beschäftigen.

23

MÄRZ

Der Anspruch des Schweigens

Wer zu schweigen versucht, der spürt, welch hoher Anspruch im Schweigen steckt. Wer schweigen will, der muss sich selbst loslassen.

Was loslassen meint

Ich nehme mich selbst nicht mehr so wichtig, ich gebe es auf, mich an mir festzuklammern und an meinem eigenen Denkmal zu bauen oder an meinem Idealbild zu malen. Mein Ideal ist mir nicht mehr wichtig. Wichtig ist nur noch, dass der Geist Gottes in mir wirken kann.

24

MÄRZ

Offene Hände

Ich kann nicht mit zusammengebissenen Zähnen loslassen, sondern nur, wenn ich etwas aus den Händen gebe. Ich darf das Problem nicht lösen wollen, mich da nicht durchbeißen, sondern ich muss die übertriebenen Sorgen und Ansprüche weggeben, sie mir nehmen lassen. Ich werde ärmer, wenn ich loslasse. Ich muss ein Stück von mir selbst loslassen, preisgeben.

In deinen Händen

Guter Gott, ich verzichte darauf, mir Vorwürfe zu machen. Dieser Tag war, wie er war. Wenn er in deinen Händen liegt, dann ist es gut. Dann kann ich ihn mit ruhigem Gewissen loslassen. Und ich kann mich jetzt in deine bergenden Hände fallen lassen.

25

MÄRZ

Schweigetherapie

Die Mönche kennen neben dem Aussprechen der Gedanken und Gefühle auch das Schweigen als Heilmittel. Es hat für sie therapeutische Funktion. Es soll helfen, Abstand zu gewinnen gegenüber Aufregung und Ärger.

Ausgesöhnt

Guter Vater, der Tag ist heute an mir einfach vorübergegangen. Ich war nicht bei mir. Ich habe einfach vor mich hingelebt. So will ich wenigstens am Abend dir diesen Tag nochmals hinhalten. Nimm du ihn so, wie er war. Wenn du ihn annimmst, vermag ich mich auch mit ihm zu versöhnen.

26

MÄRZ

Gefallen lassen

Ich lasse es mir gefallen, dass Gott mich liebt, und ich vertraue darauf. Ich lasse meine Absicherungen los, mit denen ich mich selbst gegen Gott absichern will, und lasse Gott an mich heran. Ich verzichte auf alle geistlichen Erfolge und überlasse mich so, wie ich bin, mit all den mich bedrängenden Gedanken Gott.

Vertrauen

Guter Gott, schenke mir die Fähigkeit, mich einfach in deine Arme fallen zu lassen, im Vertrauen, dass du mich auffängst und bei dir ruhig schlafen lässt.

27

MÄRZ

Frei von Lärm

In jedem von uns ist ein Ort, an dem es völlig still ist, ein Ort, frei von den lärmenden Gedanken, frei von Sorgen und Wünschen. Es ist ein Ort, an dem wir selbst ganz bei uns sind. An diesen Ort des Schweigens müssen wir vordringen.

Ins Geheimnis fallen

Wenn wir diesen Ort des Schweigens in uns freischaufeln, dann können wir Gott begegnen, wie er ist. Wir halten uns dann nicht an uns und unseren Gedanken fest, sondern lassen uns völlig los, wir lassen uns fallen in das Geheimnis Gottes, das uns trägt.

28

MÄRZ

Frei, still und ruhig

Ich halte die Gedanken Gott hin und übergebe sie ihm. Ich gebe sie aus der Hand, anstatt sie krampfhaft festzuhalten. Auch wenn sie wiederkommen, ängstigen sie mich nicht mehr. Sie kommen und gehen, ich selbst aber bleibe innerlich frei, still und ruhig.

Neuer Tag – neue Chance

Guter Gott, in dieser Nacht trägst du mich mit deinen guten und zärtlichen Händen. Es tut gut, sich in deiner Liebe zu bergen. So kann ich ruhig schlafen und darauf vertrauen, dass du mich in dieser Nacht stärkst für den neuen Tag, an dem du mir eine neue Chance gibst, alles anders zu machen und von Neuem zu beginnen.

29

MÄRZ

Im Dienst Gottes

Wer gelernt hat, mitten im Tun sich selbst und seine Ansprüche loszulassen, der kann seine Arbeit gelassen tun, ohne innere Spannungen. Er ist aus der Welt ausgewandert und steht allein im Dienst Gottes.

Spannungsfrei

Eine Hilfe, von Spannungen frei zu werden, ist das Vertrauen, dass ich in Gott geborgen bin, dass ich mich in seine Arme hineinfallen lassen kann, weil mich nicht strafende, sondern liebende Arme erwarten.

30
MÄRZ

Sprachlos

Für viele ist es ein Problem, dass sie über das, was sie im Tiefsten verletzt, nicht sprechen können. Sie schlucken alles hinunter, fressen den Ärger, den Schmerz, die Enttäuschung in sich hinein, werden innerlich verbittert und bekommen Magengeschwüre. Für sie wäre es wichtig zu lernen, über sich und ihre Verwundungen zu sprechen.

Vertrauen schaffen

Barmherziger Gott, du selbst hast Vertrauen in mich und in die Menschen, mit denen ich lebe. Ich möchte von dir lernen, eine Atmosphäre des Vertrauens zu verbreiten, in der Menschen sich füreinander öffnen und in der sie sich dir anvertrauen und sich von dir getragen wissen.

31

MÄRZ

Das Sterben des alten Menschen einüben

Die monastische Überlieferung kennt den Begriff des Loslassens nicht. Sie beschreibt das, was mit diesem modernen Begriff gemeint ist, mit anderen Bildern, zum Beispiel mit dem Bild des Sterbens. Im Schweigen übt der Mönch das Sterben des alten Menschen ein.

Sterben will zum Leben befähigen

Das Sterben will uns zum Leben befähigen. Es ist keine Flucht vor dem Kampf, den das Leben von uns fordert, sondern es ist eine Hilfe, das wahre Leben zu gewinnen, die Auferstehung Christi an sich mitten in seinen Aufgaben, mitten in seinem Alltag zu erfahren.

APRIL

Der Verwandlung trauen

1

APRIL

Verwandlung ist typisch christliche Veränderung

Verwandlung scheint mir die typisch christliche Weise der Veränderung zu sein. In der Verwandlung ist der Aspekt der Gnade. Gott selbst verwandelt den Menschen. Das wurde in der Menschwerdung seines Sohnes offenbar, in der er unsere menschliche Natur verwandelt und vergöttlicht hat.

In Sinn verwandelt

Verwandlung ist der Schlüsselbegriff für eine Spiritualität, die nicht versucht, alle Fehler und Schwächen in den Griff zu bekommen, sondern die vielmehr darauf vertraut, dass alles in uns einen Sinn hat und dass Gott alles in uns verwandeln möchte, damit sein Licht und seine Herrlichkeit immer mehr in uns aufscheinen.

2

APRIL

Den Schatz entdecken

Dort, wo ich mich ohnmächtig fühle und auf meine Unfähigkeit stoße, meine Fehler, meine Schwächen, meine Probleme in den Griff zu bekommen, dort liegt auch ein Schatz vergraben.

Problem-reich

Verwandlung meint, dass ich nichts in mir ausschließe, sondern dass ich mit meinen Leidenschaften, Krankheiten, Konflikten, Problemen ins Gespräch komme. Dann werden sie mich zu dem Schatz führen, der in mir verborgen liegt, zu neuen Lebensmöglichkeiten, die ich bisher unterdrückt habe.

3

APRIL

Bilder der Verwandlung

Die Bibel ist voll von Bildern der Verwandlung. Da ist der Stab des Mose, der sich in eine Schlange verwandelt, da der Fels, der zur Quelle wird. Diese Bilder zeigen, was Gott an und in uns verwandeln kann, und sie zeigen uns Stationen auf unserem Weg der Verwandlung.

In Abgründe schauen

Gütiger Gott, schaue auf meine Hände, in denen ich dir meine Wahrheit hinhalte. Schaue in mein Herz. Ich will es nicht vor dir verschließen. Ich lasse dich in alle Abgründe meiner Seele schauen, damit dein gütiger Blick alles in mir verwandelt.

4

APRIL

Zum Dornbusch werden

Der Dornbusch gilt für die Israeliten als wertlos, unbrauchbar, als trockenes Kraut am Rand der Wüste. So kann er für uns ein Bild sein für das Verdorrte und Starre in uns, für das Dürre und Leere, das Übersehene und Verachtete, für das Gescheiterte und Verwundete in uns.

Wohlwollend

Gütiger Gott, wenn deine Liebe alles in mir durchdringt, dann vermag auch ich alles in mir mit einem wohlwollenden Blick anzuschauen. Denn dein gutes Auge ruht auf allem, was in mir ist.

5

APRIL

Dornbusch-Jahre

Der Dornbusch steht für die Erfahrung, die viele in der Lebensmitte machen. Sie haben den Eindruck, dass ihr Leben gescheitert ist, dass sie auf den Trümmern ihres Lebens sitzen, dass alles sinnlos ist, leer, ausgedörrt. Sie spüren, dass sie vieles übersehen, an vielem vorbeigelebt haben, was hätte leben sollen.

Das Leben der anderen

Jetzt fühlen sie sich so verachtet, gescheitert, ausgebrannt, zu nichts mehr brauchbar wie der Dornbusch. Sie leben nicht ihr eigenes Leben, sondern sind dazu verdammt, die Erwartungen anderer zu erfüllen, anstatt selbst zu leben.

6
APRIL

Gott erscheint im Übersehenen

Ausgerechnet in diesem Dornbusch erscheint Gott dem Mose mit seiner Herrlichkeit. Gott verwandelt gerade das Öde, das Leere, das Gescheiterte und Ausgebrannte, das Übersehene und Verachtete, das Verwundete und Verletzte in uns zum Ort seiner Gegenwart.

Gütig mit mir selbst sein

Gütiger Gott, gib mir den Mut, mit mir selbst gütiger umzugehen und im Vertrauen auf deine bedingungslose Liebe mich selbst zu lieben, so, wie ich geworden bin.

7

APRIL

Gott in meinen Wunden

Gerade in meinen Wunden will Gott aufleuchten. Gerade so, wie ich bin, unbrauchbar, leer, vertrocknet, kann Gott mich wie Mose in seinen Dienst nehmen, gerade so kann er mich zum Zeugen seines Lichtes und seiner Liebe bestellen.

Ein Ort seiner leuchtenden Gegenwart

Unser Leben wird nicht total anders. Wir bleiben sperrig und leer, hartnäckig und verschlossen, ohnmächtig und schwach. Der Dornbusch bleibt Dornbusch, aber er wird durch das Licht Gottes verwandelt zum Ort seiner leuchtenden Gegenwart.

8
APRIL

Den Kampf aufgeben

Meine innere Leere und Zerrissenheit werden sich wandeln, wenn ich den Kampf dagegen aufgebe und mich einfach zerrissen und leer Gott übergebe. Wenn ich mit nackten Füßen zu meinem Dornbusch gehe, wenn ich ungeschützt und unbedeckt auf Gottes heiligem Boden stehe, dann wird sich meine Leere in Fülle, meine Zerrissenheit in die Ahnung eines tiefen Friedens verwandeln.

Mit Liebe aufgefüllt

Barmherziger Gott, ich halte dir meine leeren Hände hin. Ich verzichte darauf, mich selbst zu bewerten. Ich weiß, dass du meine Leere mit deiner Liebe ausfüllen wirst. Und ich weiß, dass du all das in mir annimmst, was ich nicht anzunehmen vermag.

9

APRIL

Von Angst zum Vertrauen

Die grundlegende Erfahrung von Verwandlung ist die Wandlung des Bedrohenden in das Behütende, der Angst in Vertrauen, der Verzweiflung in Hoffnung, der Aussichtslosigkeit in Zuversicht, der Gefangenschaft in Freiheit. Überall, wo wir das erfahren dürfen, handelt Gott an uns wie damals am Schilfmeer.

Abgründig

Die Verwandlung geschieht auf dem Grund des Meeres, auf dem Grund unserer Angst und Verzweiflung, nicht dort, wo wir noch vom sicheren Ufer aus auf unsere Angst schauen können.

10

APRIL

Durch das Leid zur Hoffnung

Wir müssen jedoch wie Israel erst die Angst und die Aussichtslosigkeit in ihrer ganzen Schärfe erleben und durchleiden, bevor sie umschlagen können in Vertrauen und Hoffnung.

Dem Wunder der Wandlung trauen

Nicht wir können diese Verwandlung bewirken, sondern allein Gott. Wir müssen auf das Wunder der Wandlung vertrauen, das Gott gerade dann wirkt, wenn wir am Ende sind mit unseren Möglichkeiten, wenn alles sich gegen uns verschworen hat und es scheinbar keinen Ausweg mehr gibt.

ND# 11

APRIL

Zum Mose werden

Wir brauchen oft einen Mose, der über das Meer unserer Angst, unseres Unbewussten, unserer Verdrängungen, unserer Gefährdungen seine Hand hält, damit wir es sicher durchschreiten können.

Rettendes Ufer

Gott selbst hält in dem begleitenden Mose seine Hand über unser Meer und verwandelt es zu einer Furt an das andere, rettende Ufer, zu einem Weg in die Freiheit, in das eigentliche und wahre Leben.

12

APRIL

Gutes sagen

In der therapeutischen und spirituellen Begleitung wagen wir uns unter den schützenden und segnenden Händen eines anderen in das Meer unseres Lebens. Weil einer uns segnet, weil einer Gutes über uns und unsere Verdrängungen sagt, können wir sie durchschreiten, ohne von ihnen verschlungen zu werden.

Segenshände

Barmherziger und guter Gott, du bist die Quelle allen Segens. Ich bitte dich, segne mich und alle, die mir am Herzen liegen. Halte schützend deine segnende Hand über die Menschen.

13

APRIL

Steiniges und Felsiges

Wir können Holz und Fels als innere Bilder verstehen. Dann ist der Fels ein Bild für das Felsige und Steinige in uns, für das Verhärtete und Abgestorbene in unserem Herzen. Durch die Berührung mit dem Stab verwandelt Gott den Fels in eine strömende Quelle.

Vom Leben berührt

Der Stab, mit dem Mose den Felsen berührt, kann ein Bild sein für die Lebenskraft selbst, die auch durch den Felsen hindurch das Leben zur Blüte treibt. Er steht auch für die Liebe, die das Herz aus Stein wieder zu einem Herzen aus Fleisch verwandelt.

14
APRIL

Versteinert

Zu Stein kann das Herz eines Menschen werden, der seine Gefühle und Bedürfnisse unterdrückt und sich selbst so mehr und mehr vom Leben abschneidet. Aggressionen, die nie gelebt werden dürfen, Leidenschaften, die man sich verbietet, Emotionen, die man zurückhält, können in uns zu Stein werden.

Frei werden

Guter Vater, ich werde den Ärger nicht los. So halte ich dir meinen Ärger hin und bitte dich: Lass deine Liebe und dein Erbarmen in diesen Ärger hineinfließen, damit er sich auflöst, damit ich frei werde von den inneren Selbstgesprächen.

15

APRIL

Hindernisse auf dem Weg

Gerade dort, wo es steinig wird, wo es Hindernisse gibt auf unserem Weg, wo uns jemand einen Stein in den Weg gelegt hat, gerade dort kann sich auch für uns der Himmel öffnen. Wir müssen nur wie Jakob auf die Träume hören.

Der Weg der Verheißung

Die Steine, die uns im Weg liegen, zwingen uns, uns nach innen zu wenden. Außen gibt es keinen Weg. Aber im Inneren zeigt uns Gott den wahren Weg unseres Lebens auf, den Weg des Segens und der Verheißung, den Weg, auf dem er selbst uns begleitet und führt.

16
APRIL

Das Geheimnis der Verwandlung

Das ist das Geheimnis der Verwandlung, dass Gott selbst eintritt in mein Haus, in das ich mich oft eingeschlossen habe, und dass er in meinem Haus eine Leiter aufstellt, die bis zum Himmel reicht und in mir Himmel und Erde verbindet.

Fundament

Die Gewissheit von Gottes Gegenwart in meinem Haus ist das Fundament, auf dem die Verwandlung meines Lebens geschehen kann.

17

APRIL

Zweikampf mit Gott

Die Bibel schildert uns die Konfrontation Jakobs mit seinem Schatten und seine innere Wandlung in der berühmten Szene am Jabbok vom nächtlichen Zweikampf mit Gott. Jakob kommt an einen Fluss. Er steht oft für den Übergang in eine neue Lebensphase, für innere Wandlung, für Wiedergeburt.

Reifekampf

Die Reifung stellt uns die Bibel als Kampf dar. Verwandlung kann man nie so nebenbei haben, sie ist immer Kampf.

18

APRIL

Durchkreuzt

Jakob hat sich der Dunkelheit, dem Schatten, dem, was ihn durchkreuzte, was ihn berührte und unbedingt anging, gestellt, und er hat darin Gott selbst erfahren, der ihn nun segnet.

Mitten im Leben

Jakobs Geschichte ist eine Geschichte der Lebensmitte. Es bleibt nicht mehr alles beim Alten. Wir sind gezeichnet: die Verletzung bleibt. Aber sie hindert uns nicht an unserem Weg. Sie ist vielmehr Erinnerungszeichen, dass wir Gott begegnet sind, dass er unser Leben verwandelt hat, dass es nun echt und authentisch geworden ist.

19

APRIL

In der Asche der verbrannten Hoffnungen gebacken

Die Szene im Ersten Buch der Könige 19,1–13 zeigt die Verwandlung des Elija und deutet uns damit einen Weg für unsere Verwandlung an: Von selbst findet er keine Nahrung mehr in seinem Leben. Er braucht einen Engel, der ihn anstößt und ihm die Augen öffnet für das Brot, das in der Asche seiner verbrannten Hoffnungen und Leidenschaften gebacken ist.

Engel

Verwandlung können wir nicht selbst bewirken. Wir brauchen einen Engel, der uns anstößt, einen Menschen, der uns anspricht, der uns die Augen öffnet, der uns das Brot und das Wasser zeigt, das schon dasteht.

20
APRIL

Zärtlicher Gott

Gott ist nicht der polternde und donnernde Gott, den sich Elija vorgestellt hat, sondern ein leiser, zärtlicher, behutsamer, sanfter und milder Gott. Und ich kann ihn nur erfahren, wenn ich selbst nach innen horche, schweigend, zärtlich und behutsam vor der Höhle stehe und wie Elija in die Stille hineinhorche, mein Gesicht mit dem Mantel umhüllt.

Wie Gott verwandelt

Gott hat den Propheten in dieser wunderbaren Szene verwandelt, er hat aus einem polternden und eifernden, aus einem harten und tötenden Menschen einen sanften und milden, einen horchenden und zärtlichen Menschen gemacht.

21

APRIL

Einlassen

Wie Elija müssen wir uns in unsere Traurigkeit und Depression bis zu ihrem Grund hineinlassen und sie durchleiden. Gerade wenn wir am Boden sind, kann Gott durch einen Engel unsere Traurigkeit und Verzweiflung in neue Kraft und Hoffnung verwandeln.

Auf Umwegen zu Gott

Die Elijageschichte gibt uns das Vertrauen, dass alle unsere Leidenschaften einen Sinn haben, dass sie uns auch über Umwege und Irrwege hindurch zu Gott führen, der sie uns verwandelt, indem er uns in Siege und Niederlagen führt, in Erfolge und Misserfolge, in Kraft und Ohnmacht.

22
APRIL

In der Wandlung geheilt

Wenn wir nach Wandlungsgeschichten in der Bibel suchen, dann stoßen wir auf Heilungsgeschichten und auf Szenen der Begegnung. Jede Begegnung verwandelt, etwa die Begegnung Jesu mit den ersten Jüngern oder mit den Emmausjüngern.

Die verwandelnde Kraft der Begegnung

In den Heilungsgeschichten wird die verwandelnde Kraft der Begegnung am deutlichsten. Da richten sich enttäuschte und resignierte Menschen durch die Begegnung mit Jesus wieder auf, da bekommen Blinde den Mut, ihre Augen zu öffnen und der Wahrheit ins Auge zu sehen.

23
APRIL

Verwandelt zum Urbild

Verwandlung bedeutet für uns, dass die eigentliche Gestalt durchbricht, dass das Bild durchscheint, das sich Gott von uns gemacht hat, dass das Urbild sichtbar wird, so wie es aus Gottes Händen hervorgegangen ist.

Verwandelt und verklärt

Unbegreiflicher Gott, im Gebet schenkst du uns deinen Heiligen Geist, dass er uns verwandelt und verklärt. Lass mich heute so beten, dass du mich ganz und gar erfüllst und mich verwandelst, dass deine Herrlichkeit in mir aufleuchtet und das ursprüngliche und unverfälschte Bild in mir zum Strahlen bringt.

24

APRIL

Neuer Geschmack

Wenn wir unsere tiefe Sehnsucht nach Verwandlung immer wieder Christus hinhalten, der Wasser in Wein verwandelt hat, dann wird er auch unser Leben verwandeln, er wird unserem Leben einen neuen Geschmack geben.

Ja sagen

Unbegreiflicher Gott, ich danke dir für alle Augenblicke der Verklärung, die ich in meinem Leben erfahren durfte, für jedes Wort, das sich mir verklärt, für jeden Blick der Liebe, der mich verwandelt hat, für die Momente, da mir alles klar geworden ist und ich Ja sagen konnte zu meinem Leben, zu meiner Geschichte, zu dieser Welt, in die du mich gestellt hast.

25

APRIL

Tod in Leben verwandeln

Auferstehung ist die Verwandlung schlechthin. Da verwandelt Gott den Tod in das Leben, die Dunkelheit in Licht, Angst in Vertrauen, das Grab in den Ort der Engel.

Geheimnis des Lebens

Guter Gott, nicht umsonst feiert die Kirche Ostern in der Frühlingszeit. Wir feiern das Geheimnis, das die Natur uns jedes Jahr vor Augen führt, als Geheimnis unseres Lebens. Christus, die Ostersonne, hat die Dunkelheit vertrieben. Christus steht auf von den Toten.

26
APRIL

Grabsteine

Das erste Zeichen der Auferstehung ist der Stein, der vom Grab weggewälzt ist. Der Stein, der das Grab behütet, ist ein Bild für die vielen Steine, die auf uns liegen. Sie verhindern, dass unsere Ahnungen von Leben, die immer wieder in uns auftauchen, Wirklichkeit werden. Sie blockieren uns, halten uns davon ab, aufzustehen, aus uns herauszugehen, auf andere zuzugehen.

Weggewälzt

Auferstandener Herr Jesus Christus, du hast den Stein weggewälzt, der mich blockiert und am Leben hindert. Du hast die Fesseln gesprengt, die mich einengen. Du bist auferstanden vom Tod und schenkst mir die Gewissheit, dass auch ich mit dir aufstehen kann aus dem Grab meiner Angst.

27

APRIL

Sorgensteine

So ein Stein kann die Sorge für unsere Zukunft sein oder auch für die Zukunft dieser Erde. Er kann die Angst sein, die auf uns lastet, die Angst vor dem Versagen, die Angst, das zu sagen, was wir spüren, weil wir uns blamieren könnten, weil wir die Zuwendung und Bestätigung der anderen verlieren könnten.

Vom Leben ausgeschlossen

Wenn ein Stein auf unserem Grab liegt, vermodern und verwesen wir darin. Solange wir unsere tiefsten Gefühle und Bedürfnisse im Grab verschließen, so lange werden wir vom Leben ausgeschlossen.

28

APRIL

Hinabsteigen

Wie die Frauen müssen wir in das Grab unserer Angst und unserer Traurigkeit, unserer verdrängten Wünsche und Bedürfnisse, unserer Dunkelheit, unserer Resignation und unseres Selbstmitleids, in das Grab unseres Schattens hinabsteigen, in dem wir alles vergraben haben, was wir vom Leben abgeschnitten haben.

Hinabgestiegen in das Reich des Todes

Auferstandener Herr Jesus Christus, du bist in das Reich des Todes hinabgestiegen und hast alles Tote in mir an die Hand genommen, um es ans Licht und zum Leben zu führen. Lass mich heute teilhaben an deiner Auferstehung.

29
APRIL

Die Engel der Auferstehung

Die Engel der Auferstehung stehen schon mitten in unserem Grab. Sie verkünden uns, dass gerade dort, wo wir nur Totes sehen, Leben aufblüht, dass Gott alles in uns schon verwandelt hat.

Siehe, ich mache alles neu

Auferstehung ist der Glaube daran, dass Gott mich ganz und gar neu machen kann, dass er meine Vergangenheit in neues Leben verwandeln kann. Auferstehung ist der Aufstand gegen alle Hindernisse des Lebens, gegen alles, was Leben einengt, kreuzigt und vernichtet.

30
APRIL

Neu werden

Da entdecken wir in anderen Menschen den Schatz, der in ihnen vergraben ist. Da leuchtet uns aus ihren leeren Augen neues Licht entgegen. Da verliert unsere Arbeit das Eintönige und Nervtötende, da bekommen wir auf einmal Fantasie, da haben wir Lust daran, etwas zu gestalten und zu formen.

Gemeinschaft wird möglich

Da kommt auf einmal das Gespräch, das längst verstummt ist, wieder in Gang. Wir reden nicht mehr aneinander vorbei, sondern erzählen von uns und unseren Erfahrungen. Und so wird Gemeinschaft möglich. Mauern zwischen uns reißen ein, Nähe, Offenheit, Begegnung werden erfahrbar.

MAI

Sinnlichkeit entdecken

1

MAI

Keine Experimente

Wir können Gott nicht einfach erforschen wie ein Land, in das wir fahren. Wir können auch keine Experimente machen, die Gottes Dasein und Wirken beweisen. Erfahren können wir nur das, was wir sehen und greifen.

Gott in den Sinnen

Wir können Gott nicht direkt erfahren, sondern nur in den Erlebnissen, Widerfahrnissen, in den Begegnungen mit anderen Menschen, in den Stimmen unserer Seele, in den Bildern unserer Träume.

2

MAI

Intuitiv

Wenn wir mit dem uns eingeborenen Sinn für das Heilige die Welt wahrnehmen, erkennen wir intuitiv und affektiv darin das Geheimnis Gottes, ähnlich wie wir intuitiv das Schöne wahrnehmen.

Sinnlich

Jede Erfahrung geht über die Sinne, auch die Gotteserfahrung. Mit den Sinnen aber können wir Gott nicht direkt begreifen. Es liegt an uns, wie wir das, was wir mit den Sinnen erfahren, deuten und verstehen wollen.

3
MAI

Wirklich lebendig

Das ewige Leben ist nicht das Leben nach dem Tod, sondern das Leben, das schon hier auf Erden teilhat an der Ewigkeit, das jetzt schon durchdrungen ist von Gott, in dem Himmel und Erde miteinander eins werden, in dem Zeit und Ewigkeit sich berühren, in dem Gott und Mensch in eins verschmelzen. Nach diesem Leben, nach wirklicher Lebendigkeit, sehnen sich heute alle Menschen.

Durchdrungen

Allmächtiger und ewiger Gott, Schöpfer der Welt. Ich bin in deiner Schöpfung, genieße das Grün der Wiesen und die Ruhe der Wälder. Die Natur ist von deinem Geist durchdrungen. Ich erlebe in der Lebendigkeit der Natur dein göttliches Leben, das alles um mich herum durchdringt.

4

MAI

Spuren eigener Lebendigkeit

Wenn ich nach den Spuren der eigenen Lebendigkeit frage, dann meinen viele, das hätte mit Gott nichts zu tun. Aber ich lasse mir dann trotzdem erzählen, wo ihnen das Herz aufgeht, wo sie sich lebendig fühlen, wo sie sich vergessen können, wo sie ganz aufgehen.

Ganz sein

Da erzählen mir dann Menschen, wie sie beim Hören von Musik ganz im Augenblick sind, wie sie sich in die Musik hineinfallen lassen. Andere sind ganz Auge, wenn sie ein Kunstwerk anschauen. Andere fühlen sich lebendig, wenn sie durch eine schöne Landschaft wandern.

5

MAI

Wichtiger

Was ist das, was mich über mich hinausführt? Wie fühlt sich meine Lebendigkeit an? Was macht meine Lebendigkeit aus? Fast immer ist es etwas, was mich ganz fesselt, was wichtiger ist als meine Alltagsprobleme, was mich die Sorgen vergessen lässt.

Lustvoll

Vater im Himmel, lass mich in der Freiheit der Kinder Gottes leben und aus dem Vertrauen, dass du mir das Rückgrat stärkst und den Rücken freihältst, damit ich das Leben in Freiheit wage, das du mir geschenkt hast: ein Leben in Fülle, ein buntes und lustvolles Leben.

6

MAI

Benutzt

Gott ist für manche der, der vor allem die Sexualität misstrauisch betrachtet. Dann benutzen sie Gott, um ihre Angst vor der Sexualität zu zementieren. Sie meiden die Sexualität, weil sie das Gefühl haben, sie sei etwas Schlechtes und Gott würde ihnen die Sexualität verbieten.

Das größte Geschenk

Gott hat den Menschen in der erotischen Liebe sein größtes Geschenk übergeben. Indem Menschen sich aneinander freuen, sollen sie zugleich Gott für diese erotische Freude aneinander danken.

7

MAI

Freude an der Schönheit des anderen

Die Kunst der Erotik möchte uns lehren, mit dem Eros richtig umzugehen. Die Erotik hat Freude an der Schönheit des anderen. Sie sehnt sich nach seiner Schönheit, nach seiner Liebe.

Offen sein

In der Erotik ist immer schon die Sehnsucht vorhanden, in der Liebe zum Mann oder zur Frau Gottes Liebe und Schönheit zu berühren. Nur wenn die Erotik für die spirituelle Dimension offen ist, wird sie die Menschen in der Ehe und der Freundschaft auf Dauer beglücken.

8

MAI

Die Kunst des Liebens

Die Kunst der Erotik möchte in die Kunst des Liebens einführen, in der es nicht darum geht, den anderen zu besitzen, sondern miteinander Liebe zu sein und durch die menschliche Liebe die Urliebe – Gott selbst – zu berühren.

Spielerisch

Die Erotik lehrt uns auch die Kunst des erotischen Spiels. Weil wir unseren Partner, unsere Partnerin lieben, werden wir nicht müde, diese Liebe in spielerischer Weise auszudrücken und uns so aneinander zu freuen.

9

MAI

Wirkworte

Viele haben Angst, die Macht solcher Wirkworte wie Gott auszuhalten. Sie konstruieren sich eine objektive Theologie, um der Infragestellung durch Gott auszuweichen. Dann führt sie ihre Spiritualität allerdings nicht zum Leben, sondern in die Verkrampfung und in die Beziehungslosigkeit.

Gott des Lebens, Gott der Liebe

Der Gott, den Jesus verkündet, bringt uns in Beziehung zu uns selbst, zu den unbewussten Bereichen unserer Seele, zu unserer Lebendigkeit. Und er öffnet uns für die Brüder und Schwestern. Der Gott des Lebens ist zugleich auch der Gott der Liebe.

10

MAI

Die eigene Wahrheit anschauen

Ich frage die Menschen, wie sie sich selbst erfahren. Und da erschrecke ich oft, wie wenig sie sich selbst spüren, wie wenig sie in Berührung sind mit sich selbst. Das ganze Arsenal von spirituellen Methoden hilft ihnen nicht, wenn sie nicht den Mut aufbringen, die eigene Wahrheit anzuschauen.

In Berührung kommen

Herr Jesus Christus, lass mich in Berührung kommen mit dem innersten Raum meines Herzens, in dem du selbst wohnst, in dem ich ganz frei sein darf und heil, in dem du mich zu mir selbst, zu meinem wahren Wesen führst.

11

MAI

Stimmig

Nur wenn ich auf die Stimme meines Leibes und meiner Seele höre, kann ich auch die Stimme Gottes vernehmen. Nur wenn ich stimmig bin, kann Gott mit mir übereinstimmen, kann er eindringen in die Stimme meines Inneren.

Leib sein

Es geht um ein Sich-Spüren im Leib. Stimme ich mit meinem Leib überein? Bin ich ganz in mir, in meinem Leib oder klammere ich vieles aus?

12

MAI

Für wahr nehmen

Das deutsche Wort »wahrnehmen« meint, dass wir die Wahrheit in die Hand nehmen, dass wir über sie nicht nur nachdenken, sondern sie leibhaft ergreifen. Die Vernunft ist auf die Sinne angewiesen, damit sie die Wirklichkeit »vernehmen« kann.

Unseren Augen trauen

Es ist wichtig, dass wir unseren eigenen Augen trauen. Wenn wir gut hinschauen, sehen wir letztlich in allem Gott als den eigentlichen Grund. Im Schauen geht uns das Geheimnis Gottes und des Menschen und der Schöpfung auf.

13

MAI

Wer schaut, ist frei

Wer schaut, der ist frei. Er macht sich nicht abhängig von anderen, die ihm etwas erzählen. Er geht selbst hin, um mit eigenen Augen zu schauen.

Gottes abgrundtiefes Geheimnis

In allem, was wir sehen, schauen wir letztlich einen Ausdruck Gottes. Das ist unsere tiefste Berufung, die Welt so zu sehen, dass wir darin Gott selbst schauen in seinem abgrundtiefen Geheimnis.

14

MAI

Auge sein

Jeder kennt das: Er betrachtet den Sonnenuntergang. Er ist nur noch Auge. Er schaut und staunt. Die Zeit steht still. Schauen hat immer mit Gleichzeitigkeit zu tun. Da fallen Zeit und Ewigkeit zusammen.

In deiner schönen Welt

Barmherziger Gott, ich schaue auf die Weite des Landes, auf die Hügel, auf die Wälder, auf die immer neuen Farben, auf die Sonne, die die Landschaft in ein mildes Licht taucht. Ich danke dir, dass du uns diese schöne Welt geschenkt hast. Ich will nicht möglichst schnell ankommen, sondern ich will deine Welt beachten, damit ich überall deine heilende und liebende Nähe spüre.

15
MAI

Volle Ohren

Die Welt ist voller Klang. In ihr erklingt Gottes Wort. Aber wir hören dieses Lied Gottes in der Schöpfung nicht, weil unsere Ohren zu voll sind vom Lärm um uns herum oder auch von den lärmenden Gedanken in uns.

Einverstanden

Wenn ein Gespräch gelingt, wenn wir aufeinander hören, dann kann das auch eine Gotteserfahrung sein, dann berühren wir im Gespräch etwas, was uns übersteigt. Es ist ein Einverständnis da. Es geschieht das Wunder des Verstehens. Und in diesem Wunder leuchtet etwas vom Geheimnis Gottes auf.

16

MAI

Nach innen horchen

Wer Gott in seinem Herzen finden möchte, der muss mit dem inneren Ohr auf die leisen Impulse in seinem Innern horchen. Hören muss mit Hingabe geschehen. Dann gehören wir dem, was wir hören.

Mit dem Leib hören

Wenn wir ganz Ohr sind und mit dem ganzen Leib hören, lassen wir Gott selbst in uns eindringen, lassen wir Gottes Klang unseren Leib und unsere Seele durchdringen.

17

MAI

Gott erahnen in der Schöpfung

Gottes Stimme ertönt in der Schöpfung, in allem, was an unser Ohr dringt, im Wind, im Rauschen der Bäche, im Regen, im Gesang der Vögel. Es käme darauf an, in den Stimmen der Schöpfung die Gestimmtheit der Welt zu erhorchen und darin Gott zu erahnen.

Öffne meine Ohren

Guter Gott, öffne meine Ohren, dass sie dein Wort vernehmen, dass ich dein Wort mit dem Herzen höre und mich von ihm verwandeln lasse. Mach mich sensibel für die leisen Impulse, in denen du zu mir sprichst. Und öffne meinen Mund, dass er dich lobt für alles, was du mir Gutes getan hast.

18

MAI

Ins Herz gefallen

Indem ich nicht über das Wort nachdenke, sondern es in mein Herz fallen lasse, es mit dem Herzen schmecke und koste, durchdringt es meine Emotionen und bewirkt dort Gefühle des Angerührtseins, der Freude und des Vertrauens. Ich muss das Wort Gottes in meinem Herzen aufklingen lassen, dass es mit seinem Klang meinen Leib und meine Seele froh macht und heilt.

Sprich nur ein Wort

Herr, sprich du dein Wort der Liebe und Bejahung, damit ich mich selbst bejahen und annehmen kann mit allem, was in mir ist.

19

MAI

Fenster zum Himmel

Musik öffnet ein Fenster zum Himmel. In der Musik übersteigen wir immer diese Welt und reichen hinein in die Welt Gottes.

Fallen lassen

Im Hören kann ich mich ganz in die Musik hineinfallen lassen. Natürlich kann ich auch dadurch die Begegnung mit Gott nicht herbeizwingen. Aber oft genug taucht dann die Ahnung auf, dass da die eigentliche Wirklichkeit zum Ausdruck gebracht wird, dass da Gott selbst hörbar wird.

20

MAI

Freude und Liebe

Für die Bibel sind die beiden wichtigsten Reaktionen des Menschen auf Gottes Nähe die Freude und die Liebe. Beides kann man nicht einfach herbeizwingen. Aber – so sagen die Alten – Freude und Liebe liegen in unserem Innern schon bereit, genauso wie Gott in der Tiefe unseres Herzens wohnt.

Schwarze Brille

Wir sind oft abgeschnitten von unserer Freude, weil wir mit unserer gefärbten Brille nur das Negative in unserem Leben sehen. Und wir sind abgeschnitten von unserer Liebe, weil wir nur nach andern Menschen Ausschau halten, die uns so lieben sollen, wie wir uns das vorstellen.

21

MAI

Die Fülle riechen

Jede Jahreszeit hat ihren eigenen Geruch. Der Frühling riecht anders als der Herbst, der Sommer anders als der Winter. Im Duft der Natur ahnen wir etwas von Lebendigkeit, von Vergehen, von Klarheit, von Fülle. Und in jedem Duft riechen wir an der Fülle und am Geheimnis Gottes.

Duftig

Guter Gott, ich rieche den Duft der Bäume und den Duft der Landschaft. Ich weiß nicht, wie er sich zusammensetzt. Aber jede Landschaft hat ihren eigenen Duft. Auch jede Witterung riecht anders. In der Sonne riecht es anders als während des Regens oder nach einem erfrischenden Regenschauer. Ich danke dir, dass du mich überall umgibst mit deiner Schönheit und Lebendigkeit.

22

MAI

Guter Geschmack

Wir schmecken nicht nur eine gute Speise oder einen köstlichen Wein, sondern auch Menschen. Nach einem oberflächlichen Gespräch haben wir einen fahlen Geschmack im Mund, während ein gelungenes Gespräch einen guten Geschmack hinterlässt.

Vertraut

Was ist das Geheimnis eines Menschen, den wir riechen können, der uns schmeckt? Offensichtlich scheint da etwas durch, was uns vertraut ist, was wir in angenehmer Erinnerung haben. Aber vielleicht riechen wir in dem Menschen auch etwas von der Liebe, die ihn durchströmt, von Gottes Geist, der ihm einen Wohlgeruch schenkt.

23

MAI

Ganz im Schmecken sein

Wir sind oft nicht bei uns. Daher kann uns auch Christus nicht erfassen, selbst wenn er in uns eintritt. Aber wenn wir uns ganz einlassen auf das Essen und Trinken, wenn wir ganz im Schmecken sind, dann können wir erahnen, was es heißt, mit Gott eins zu werden.

Genießen

Barmherziger Gott, du kennst meine innere Hast, das Essen schnell herunterzuschlingen. Schenke mir heute die Langsamkeit beim Genießen, damit ich beim Essen ganz bei mir bin und mich ganz auf die Speisen einlassen kann, die ich zu mir nehme. Du stärkst mich mit deinen Gaben und lässt mich deine Güte schmecken.

24

MAI

Berühren heißt Einswerden

Wenn ich etwas berühre, vermischt sich das Berührte mit mir selbst. Es fließt von dem Betasteten etwas zu mir her, und ich kann nicht mehr genau unterscheiden, wo ich bin und wo der oder das andere ist. Es geschieht Vermischung, Einswerdung.

Vermischt

Wenn sich zwei Menschen achtsam und behutsam berühren, rühren sie letztlich immer schon an das Geheimnis Gottes, an das Geheimnis der göttlichen Liebe, die in der menschlichen Liebe aufscheint. Da vermischt sich in ihnen die eigene Liebe mit der Liebe des anderen und letztlich mit der Liebe Gottes.

25
MAI

Spüren, nicht ergreifen

Wenn ich etwas betaste, dann ergreife ich es nicht. Ich halte es nicht fest, ich lasse es vielmehr sein, wie es ist. Ich spüre nur seinem Geheimnis nach. Ich benutze es nicht für mich.

Tasten braucht Ehrfurcht

Ich staune im Tasten über das, was ich da berühre. Tasten braucht die Ehrfurcht, das Gespür für das Geheimnis des Betasteten, das mich letztlich auf das Geheimnis Gottes verweist.

26
MAI

So wie es ist

Je älter ich werde, desto klarer wird mir, dass das konkrete Leben, so wie es ist, der Ort ist, an dem ich Gott erfahren kann. Das verlangt allerdings einen anderen Umgang mit meinen Emotionen und Ängsten.

Vom Leben in die Schule nehmen lassen

Wir sollen nicht gegen unser Ich wüten, sondern uns vom Leben in die Schule nehmen lassen. Wenn ich mich in meine Angst ergebe, lasse ich meine Illusionen in Bezug auf meine Fähigkeiten, mein Leben selbst bewältigen zu können, los. Und gerade an diesem Ort geht mir Gott auf, mehr als durch alle selbst gewählten Meditationsmethoden.

27
MAI

Schau um dich!

Ich höre in Gesprächen immer wieder die Klage, dass Gott so ferne sei, dass er sich nicht zeige. Ich habe keine andere Antwort als die, die Gott dem Hiob gibt. Schaue um dich! Schau das Leben an!

Von Gott umarmt

Die Schöpfung ist das erste Geschenk Gottes an den Menschen. Gott umarmt uns in der Schöpfung. Die Natur ist von Gottes Geist durchdrungen, von Gottes Liebe und Schönheit. Indem wir die Natur bestaunen, erahnen wir Gott.

28
MAI

Ebenbild

Zur Schöpfung gehört natürlich auch der Mensch, das Ebenbild Gottes. In der Schönheit seines Leibes, in seinen Augen, in den Werken seiner Hände kann uns auch Gottes Herrlichkeit aufleuchten.

Segen für dich

Der barmherzige und gute Gott segne dich. Er sei mit dir in jeder Begegnung und öffne dir die Augen für das Geheimnis, das dir in jedem menschlichen Antlitz aufleuchtet. Er behüte dich auf allen deinen Wegen.

29

MAI

Zärtlichkeit

Zärtlichkeit ist die Kunst, mit Menschen, mit der Natur und mit den Dingen zärtlich umzugehen. Die Kunst der Zärtlichkeit möchte uns lehren, zart und zärtlich mit dem Menschen umzugehen, die wir lieben.

Kostbar

Wer Zärtlichkeit erfährt, erlebt sie als Segen für sich. Es tut ihm gut, dass der andere so zärtlich zu ihm ist, dass er ihn nicht behandelt wie einen Besitz, sondern wie einen kostbaren Schatz, dem man sich nur behutsam nähern darf.

30

MAI

Achtsamer Umgang – auch mit den Dingen

Die benediktinische Schöpfungsspiritualität zeichnet sich aus durch einen behutsamen und achtsamen Umgang mit den konkreten Dingen des Alltags, mit dem Werkzeug und Arbeitsgerät.

Ausdruck der Präsenz Gottes

Wer ganz in der Beziehung ist zu den Dingen, die er anfasst und mit denen er arbeitet, der kann mitten im Alltag Gott erfahren. Für den ist alles Ausdruck der Präsenz Gottes.

31

MAI

Indirekt

Gott begegnet mir nie direkt. Aber in den Erfahrungen von einem Sonnenaufgang, von Windstille mitten in einem Sturm, von einem Regenbogen während eines Gesprächs, von unvermittelten Begegnungen mit Menschen, die mir etwas Wichtiges sagten, kann mir Gott selbst erfahrbar werden.

Einfach schauen

Ich denke nicht über Gott nach. Ich überlege mir auch keinen Gottesbeweis. Ich schaue einfach. Und indem ich schaue, erfahre ich Gott. In der Schöpfung sehe ich den Schöpfer, das Geheimnis seiner Allmacht und Fantasie, die Vielfalt des Lebens, die Weisheit, die in allem steckt.

JUNI

Gelassenheit

finden

1

JUNI

Bedingungslos Ja sagen

Oft schauen die Menschen nur mit einer »dunklen Brille« auf ihr Leben. Sie sehen allein das, was sie nicht bekommen haben oder was sie gerade nicht bekommen. Oft genug ist diese Unfähigkeit, sich selbst anzunehmen, dadurch bedingt, dass sie nicht wirklich gelebt haben. Sie haben sich immer irgendwelchen Illusionen hingegeben, aber nie zur ganzen Wirklichkeit ihres Lebens bedingungslos Ja gesagt.

Verloren oder gewonnen?

Ich kann das Vergangene nicht mehr rückgängig machen. Aber es ist meine Aufgabe, darauf zu reagieren. Ich kann angesichts meines Lebens verbittern – oder aber mich mit ihm aussöhnen. Ich kann mich auf das fixieren, was ich verloren oder nicht erreicht habe, oder aber dankbar daran erinnern, was ich erlebt habe und was mir geschenkt wurde.

2

JUNI

Was war und was ist

Der Beter von Psalm 71 dagegen nimmt nicht nur seine Vergangenheit an. Er sagt auch Ja zur Gegenwart: »O Gott, du hast mich gelehrt von Jugend auf, und bis heute darf ich von deinen Wundern künden.« (Psalm 71,17)

Tägliches Wunder

Er sieht, was Gott an ihm wirkt, und erzählt davon. Es ist ein Wunder, dass er jeden Morgen aufstehen kann, dass er sehen und hören, riechen und schmecken und Menschen und Dinge zärtlich berühren darf. Er hat einen Blick für das Wunderbare, das Gott in seiner Schöpfung wirkt, für die Wunder menschlicher Kultur.

3
JUNI

Was bleibt

Alles, worauf wir dankbar zurückschauen, bleibt uns, es kann uns nicht genommen werden. Wenn wir in Dankbarkeit auf unser Leben zurückschauen und uns damit versöhnen, dann werden wir – auch in unserer Hilflosigkeit und Schwäche – zum Segen für die Menschen in unserer Umgebung.

Loslassen lernen

Was kann uns helfen, uns mit unserer Vergangenheit auszusöhnen? Wir sollen den Schmerz durchaus zulassen. Aber wir dürfen nicht ständig um ihn kreisen. Wir sollen auch die Wut über die Menschen zulassen, die uns unfair behandelt und tief verletzt haben. Aber auch dann muss ich irgendwann das Kreisen um den Schmerz und um die Wut loslassen.

4

JUNI

Alles annehmen

Unser Leben gelingt nur, wenn wir uns mit allem annehmen, mit dem Gelingen und mit dem Versagen.

Keine Macht mehr

Die Vergangenheit hat nur so viel Macht über mich, wie ich ihr gebe. Die anderen haben mich verletzt. Aber ob ich diesen Menschen jetzt noch Macht gebe und mir von ihnen mein ganzes Leben zerstören lasse, das ist meine Entscheidung. Das hängt nicht mehr von diesen Menschen ab. Ich bin verantwortlich dafür, wie ich jetzt leben möchte.

5
JUNI

Angenommen

Wenn Gott uns vergeben hat – und darauf dürfen wir vertrauen –, dann sollen und dürfen auch wir uns selbst vergeben. Wir sollen aufhören, um unser Versagen zu kreisen. Wir sollen unser Leben mit allem, was war, in die barmherzige Liebe Gottes hineinhalten und darauf vertrauen, dass es von Gott angenommen ist.

In der Hoffnung auf Gottes Barmherzigkeit

In der Hoffnung auf Gottes Barmherzigkeit sollen auch wir mit uns barmherzig umgehen und uns selbst all das vergeben, was wir uns bisher vorgeworfen haben.

6

JUNI

Wachsen und neu werden

Unser ganzes Leben ist ein ständiges Loslassen. Wir können schon nicht an unserer Kindheit oder an unserer Jugend festhalten. Um zu wachsen und neu zu werden, müssen wir beständig Altes loslassen.

Loslassen kann ich nur, was ich angenommen habe

Loszulassen vermag ich nur, was ich angenommen habe. Ich kann mein Leben nur loslassen, wenn ich es gerne gelebt habe. Wer nie richtig gelebt hat, der kann sein Leben auch nicht loslassen.

7
JUNI

Einfach Mensch sein

Wenn wir unseren äußeren Wert loslassen, dann erfahren wir, dass unser wahrer Wert darin besteht, einfach Mensch zu sein. Und dann wird unser Leben fruchtbar. Andere werden kommen, um bei uns auszuruhen. Sie spüren, dass wir nichts mehr wollen, sondern dass wir einfach nur da sind.

Wie ein Blatt im Wind

Wer in das Loslassen einwilligt, erfährt eine neue Leichtigkeit. Er fühlt sich wie ein Blatt, das vom Wind nach Hause getragen wird.

8
JUNI

Besitz macht kalt

Wer im Besitz sein Leben sieht, dessen Leben wird kalt. Wer aber seinen Besitz loslassen kann, wer ihn an Arme verschenkt oder seinen Kindern vermacht, der wird innerlich frei. Und er erfährt etwas Wesentliches seines Menschseins.

Ins Loslassen einüben

Wir sollen bedenken, dass wir sterben müssen und im Tod schließlich alles, unseren ganzen Besitz, loslassen müssen. Daher sollen wir das, was im Tod von uns gefordert wird, schon vorher einüben. Wir sollen uns innerlich von allem Besitz lösen. Dann können wir uns selbst besser in Gottes Hand fallen lassen.

9

JUNI

Gesundheitsbesitzer

Viele Menschen sehen ihre Gesundheit gleichsam als Besitz an. Wer aber nur um seine Gesundheit kreist, vermag sich nicht mehr am Leben zu freuen. Er kann beispielsweise das Essen nicht genießen, weil er ständig Angst hat, es könne ihm schaden. So wird sein Festhalten zu einem krampfhaften Bemühen, das ihn nur mit Angst statt mit Freude erfüllt.

Angebetete Gesundheit

Wenn meine Kräfte nachlassen, kann ich aufgebrochen werden für das wahre und ursprüngliche Bild, das Gott sich von mir gemacht hat. Nur wenn Gott der eigentliche Inhalt und das letzte Ziel meines Lebens ist, werde ich im Alter gelassen und froh leben. Wer seine Gesundheit anbetet, der wird ständig von Ängsten heimgesucht, dass sie ihm doch entschwinden könnte.

10

JUNI

Allein zu zweit

Nur wer auch alleine zu leben vermag, kann den Partner als Geschenk erleben und genießen. Wenn ich mich damit auseinandersetze, dann werde ich vor die Frage gestellt, wer ich selbst bin und wie ich mein Leben verstehe. Vielleicht erkenne ich dann, dass ich noch nie selbst gelebt, sondern mich krampfhaft am Partner festgehalten und von ihm her definiert habe.

Verborgene Begabungen entdecken

Wenn ich den anderen losgelassen habe, wird auch eine neue Beziehung zu ihm möglich. Ich werde ihn nicht mehr festhalten. Weil ich ihn losgelassen habe, kann er mir zum inneren Begleiter werden, der mich in Berührung bringt mit all dem, was an Fähigkeiten und Begabungen in mir verborgen ist und was leben möchte.

11

JUNI

Das Ich loslassen

Letztlich geht es darum, das eigene Ich loszulassen. Und das ist wohl die schwerste Aufgabe, die es gibt. Aber alle Weisen in den Religionen sagen uns das Gleiche: Das Ego muss sterben, damit etwas Größeres in mir aufleuchten kann.

Sich selbst verleugnen

Jesus sagt: »Wer mein Jünger sein will, der verleugne sich selbst, nehme sein Kreuz auf sich und folge mir nach.« (Markus 8,34) Der griechische Ausdruck für »verleugnen« bedeutet: Nein sagen, widerstehen, Abstand gewinnen. Ich muss der Tendenz des Egos widerstehen, alles für mich zu vereinnahmen, alles an mich raffen zu wollen.

12
JUNI

Gott Raum geben

Es ist eine spirituelle Herausforderung, das eigene Ego loszulassen und Gott in sich Raum zu geben. Religiös ausgedrückt heißt das: Es geht darum, dass nicht mehr das Ego, sondern Gott in uns herrscht.

Gott will in uns herrschen

Jesus hat das Reich Gottes verkündet. Das ist seine frohe Botschaft. Gottes Herrschaft ist schon nahe. Gott will in uns herrschen. Wenn wir das Reich Gottes annehmen, wenn Gott wirklich in uns herrscht, dann werden wir ganz wir selbst. Das bedeutet: Erlösung, Rettung, Heilung, Ganzwerden.

13

JUNI

Auf dem Weg zur inneren Freiheit

Auf die vielen kleinen Zurücksetzungen des Alltags können wir bitter reagieren – oder aber sie als Einladung verstehen, unser Ego loszulassen und Ja zu sagen zum Ärmerwerden. Dann erleben wir die innere und äußere Armut nicht als Qual, sondern als innere Freiheit.

Wahrhaft frei

Dort, wo wir vor der Welt noch etwas sind, dort, wo wir mit unserem Wissen glänzen können, wo wir noch Besitz haben und uns von unseren Beziehungen her definieren, sind wir in Gefahr, uns daran festzuklammern. Wer sein Ego loslässt, muss weder seine Beziehungen noch sein Wissen verlieren. Aber er wird seinen Wert als Mensch nicht mehr davon abhängig machen. Er hat sich in Gott hinein losgelassen. So ist er wahrhaft frei.

14

JUNI

In Gottes Hände

Die Gelassenheit hat mit Loslassen zu tun. Es geht darum, sich selbst und sein Leben loszulassen und sich Gott zu überlassen. Dieses Überlassen gilt gerade auch für die Erfahrung von Krankheit und Tod. Sich gerade in diesen Lebenssituationen in Gottes Hände zu ergeben, das schenkt inneren Frieden.

Lassen, wie es ist

Gelassenheit meint aber auch, dass ich die Dinge so lasse, wie sie sind. Ich muss die Wirklichkeit nicht ändern. Ich kann Menschen lassen, wie sie sind. Gelassen kann ich sie betrachten, ohne den Druck, sie ändern zu müssen. Gelassenheit hat mit Toleranz zu tun. Ich lasse die anderen gelten, wie sie sind. Ich muss sie nicht ändern.

15

JUNI

Gelassenheit braucht Zeit

Gelassenheit braucht Zeit. Sie verträgt keine Hektik. Ich muss mir Zeit lassen, um gelassen bei den Dingen zu sein. Ich brauche Zeit, um mich auf ein Gespräch oder auf eine Begegnung einzulassen.

Geschenkte Zeit

Ich lasse den Druck los, alles in möglichst kurzer Zeit erledigen zu müssen. Ich lasse die Zeit fließen und nehme sie wahr. Zeit ist immer geschenkte Zeit, Zeit, die Gott und mir selbst gehört, in der ich mir und meinem wahren Selbst gehöre.

16

JUNI

Bei mir selbst bleiben

Oft lassen wir uns aus unserer Mitte herausreißen. Wir regen uns über Kleinigkeiten auf. Wir sind immer bei den anderen und lassen uns von ihnen bestimmen. Wer gelassen in seiner eigenen Mitte ruht, der kann auch gelassen auf die Andersartigkeit der Menschen schauen. Er nimmt sie wahr, ohne sie zu beurteilen. Er lässt sie sein und freut sich an ihrem Anderssein.

In meiner Mitte ankommen

Wer keine Mitte hat, der lässt sich von jedem Menschen in eine andere Richtung drängen. So fühlt er sich bald zerrissen, hin und her gezerrt von den Meinungen, Erwartungen und Urteilen anderer. Gelassenheit verlangt, mich immer wieder zu spüren, in meine Mitte zu kommen und die anderen dort zu lassen, wo sie sind, und sie so zu lassen, wie sie sind.

17

JUNI

Befreit von eigenen Ansprüchen

Gelassenheit verlangt, sich von den Erwartungen und Ansprüchen zu befreien, die wir an uns selbst stellen. Viele Menschen stehen immer unter Druck: Bei allem, was sie tun, setzen sie sich unter Leistungsdruck.

Schenke mir innere Ruhe

Barmherziger Vater, ich bin mitten bei der Arbeit. Alles strömt auf mich ein. Ich weiß gar nicht, was ich jetzt anpacken soll. Schenke mir innere Ruhe, damit ich mich nicht von den äußeren Anforderungen aus meiner Mitte heraustreiben lasse. Segne du das, was ich in die Hand nehme, und lass es gelingen.

18

JUNI

Eine Säule, die das Leben trägt

Der gelassene Mensch ist auch geduldig. Und doch meint Geduld noch etwas anderes. »Geduld« heißt im Griechischen »hypomone«. Das bedeutet eigentlich: drunter bleiben, etwas tragen, etwas ertragen, etwas aushalten, standhalten. Die Geduld ist wie eine Säule, die das Leben trägt.

Am anderen leiden

Geduld bedeutet, dass ich einen anderen mit seinen Fehlern und Schwächen ertrage. Das fällt mir oft schwer. Und es bedeutet ein Leiden: Ich leide am anderen. Aber trotzdem stehe ich zu ihm. Ich lasse ihn gelten. Ich nehme ihn an, wie er ist.

19

JUNI

Geduld mit sich selbst

Geduld muss der Mensch vor allem auch mit sich selbst haben. Wenn ich etwas dulde, dann gebe ich ihm die Erlaubnis, dass es so sein darf, wie es ist. Der Geduldige duldet, dass er so ist, wie er ist. Er erlaubt sich seine eigene Verfassung und Schwäche. Er hört auf, zu bewerten und zu verbieten.

Bedingungslos angenommen

Barmherziger Gott, es fällt mir so schwer, mich selbst anzunehmen. Es gibt so vieles, was mich an mir stört: meine Ungeduld, meine Unruhe, meine Empfindlichkeit. Alles, was mich an mir ärgert, halte ich dir hin. Ich weiß, dass du mich bedingungslos annimmst. Du beurteilst und verurteilst mich nicht.

20

JUNI

Nach innen schauen

Auf den Dörfern gibt es manchmal noch die Alten, die auf der Bank vor dem Haus sitzen und einfach nur die Dinge betrachten, die sie wahrnehmen. Oft ist ihr Blick nach innen gerichtet. Solche alten Menschen können stundenlang am Fenster sitzen und die Natur betrachten.

Vergangenheit wird Gegenwart

Sie nehmen die Schönheit der Bäume und Blumen wahr, wie sie im Frühling aufblühen und im Herbst ihre milden Farben ausstrahlen. Diese Menschen müssen nicht ständig über Vergangenes reden. Sie schauen jetzt die Gegenwart, und im Schauen kommen die alten Erinnerungen, die sie wie einen kostbaren Schatz in sich hüten. In ihnen lebt die Vergangenheit weiter. Sie ist jetzt Gegenwart.

21

JUNI

Milder Herbst

So wie wir im Herbst das milde Licht bewundern, das auch die absterbenden Blätter noch in ihrer Schönheit aufstrahlen lässt, so geht es im Alter vor allem darum, milde gegenüber sich selbst und den Menschen zu werden.

Gemahlen in der Mühle des Lebens

Wir werden milde, wenn wir in der Mühle des Lebens gemahlen wurden, wenn im Mahlen die Schalen und alles Harte weich geworden sind. Solche milden Menschen sind ein Segen für ihre Umgebung. Da kommen andere zur Ruhe. Da wird vieles unwichtig, was sie sonst bewegt.

22

JUNI

Schweigen lernen

Wer als Mensch zu schweigen gelernt hat, der beklagt sich nicht über die Einsamkeit. Er fühlt sich in der Stille eins mit allem, was er erlebt hat, mit den Menschen, denen er begegnet ist.

Im Bilderbuch seines Lebens blättern

Der still gewordene Mensch blättert im »Bilderbuch« seines Lebens und schaut dankbar zurück auf das, was geschehen ist. Er ist im Einklang mit sich selbst. Und so geht von ihm Friede und eine Ruhe aus, in der sich auch andere bergen möchten.

23

JUNI

Aus der Stille geboren

Manchmal werden aus der Stille heraus auch Worte geboren, die Licht in das Leben anderer Menschen bringen. So sind oft die wenigen Worte, die ein Mensch spricht, wie eine Leuchte für unseren Weg, wie ein Aufblitzen des Jenseitigen. Der Himmel öffnet sich über solchen Worten.

Die Kunst des Zuhörens

Die Stille solcher Menschen zeigt sich auch in ihrer Kunst, zuhören zu können. Sie stehen nicht unter Druck, beim Gespräch ständig etwas sagen zu müssen. Sie hören zu und bedenken, was sie hören. Irgendwann sagen sie dann ein Wort dazu. Und man hat den Eindruck, dass es genau stimmt, dass es »den Nagel auf den Kopf trifft« und einen Weg zum Leben weist.

24

JUNI

Bilder und Gedanken schweigen lassen

Im Schweigen geht es darum, sich aller Bilder und Gedanken zu entledigen, damit wir Gott den Weg zu uns nicht verstellen. Wenn wir auf unsere eigenen Gedanken verzichten, wenn wir den Gott loslassen, den wir uns ausdenken, dann geben wir Gott die Möglichkeit, in uns geboren zu werden.

In Dienst nehmen lassen

Entscheidend ist, dass wir uns so, wie wir sind, auf Gott einlassen und von Gott in Dienst nehmen lassen. Dann kann Gott unsere Impulsivität und Aggressivität in Eifer für sein Reich verwandeln. Dann kann er unsere Sünde in die größere Liebe wandeln, unsere Angst und Feigheit in Vertrauen und Mut, unseren Verrat in vorbehaltlose Treue.

25
JUNI

Die Welt übersteigen

Wir müssen die Welt übersteigen, aus ihr auswandern und uns wandernd von einer anderen Stimme rufen lassen, um von Gott her und für Gott zu leben. Diese Haltung würde uns zu einer inneren Freiheit und Gelassenheit führen, nicht zu Weltverachtung, sondern zu einer gelassenen Liebe allen Dingen gegenüber und einem Verankertsein in Gott mitten in unseren weltlichen Aufgaben.

Gott die Führung überlassen

Das Schweigen sollte uns durchlässig machen für Gottes Geist, sodass Gott in uns die Führung übernehmen kann. Nicht wir mit unserer egoistischen Enge bestimmen unser Leben, sondern Gottes Geist selbst, dem wir uns schweigend überlassen und anvertrauen.

26

JUNI

Räume eröffnen

Ich kann Gott und Gotteserfahrung nicht erklären. Ich kann nur Räume eröffnen, die sich in der Seele auftun, Räume, in denen wir eine spirituelle Erfahrung machen können, Räume, die Gott anwesend sein lassen, ohne ihn in unsere menschliche Enge einzuzwängen.

Du bist wirklich da

Barmherziger und guter Gott, du bist gegenwärtig. Ich sitze hier vor dir. Ich möchte dich spüren. Ich weiß, dass du da bist. Aber ich spüre dich nicht. Lass mich dich erfahren. Je mehr ich mich und meine Wirklichkeit dir öffne, desto näher kommst du mir, desto mehr spüre ich: Ja, du bist wirklich da. Du bist die Liebe, die mich umgibt.

27
JUNI

Nicht festklammern

Ich kann mich nicht ewig an Menschen klammern, weder an die Eltern noch an Freunde. Ich kann mich nicht an Orte klammern, an die Heimat, an Orte, die mir vertraut geworden sind. Immer wieder muss ich Gewohnheiten und Vertrautes loslassen, um gegenwärtig sein zu können, um für Neues offen zu sein.

In Freiheit aufeinander einlassen

Wenn ich mich in Freiheit auf einen anderen einlasse, bin ich nie überfordert. Ich fühle mich nicht erdrückt. Ich bin vielmehr frei, mich ganz auf den Augenblick einzulassen. Und in diesem Augenblick ist der andere wichtig, mit dem ich spreche, dem ich begegne.

28

JUNI

Keine Sorge!

In der Bergpredigt fordert uns Jesus auf, unsere Sorgen um uns selbst endlich loszulassen. Wir sollen uns also nicht ständig den Kopf zerbrechen, ob wir in unserer Lebensgeschichte satt geworden sind, ob wir genügend Zuwendung und Zärtlichkeit erfahren haben, ob wir zu kurz gekommen sind, ob wir gut aussehen und den Erwartungen anderer Menschen entsprechen.

Mit leeren Händen

Wenn ich dann Gott meine leeren Hände hinhalte, dann fühle ich mich ganz frei, frei von allem Ehrgeiz, mich selbst besser machen zu wollen, frei von allen Selbstvorwürfen, frei von allem Druck, den ich mir selbst mache. Dann ahne ich etwas von der Freiheit der Söhne und Töchter Gottes, von der Freiheit, dass ich im Hause Gottes so sein darf, wie ich bin.

29

JUNI

Von Liebe geführt

Die Liebe ist die Quelle, aus der wir schöpfen dürfen. Wenn wir uns von ihr führen lassen, dann geht Gutes von uns aus. Es ist keine Leistung, sondern eine Erfahrung, die wir dankbar machen dürfen.

Zulassen und vertrauen

Wenn wir die wunderbaren Worte des Paulus hören: »Die Liebe erträgt alles, glaubt alles, hofft alles, hält allem stand«, so ist das keine Anweisung, alles zu ertragen und allem standzuhalten. Vielmehr steckt in diesen Worten eine tiefe Verheißung: Wenn wir die Liebe in uns zulassen und der Quelle der Liebe in uns trauen, dann befähigt sie uns dazu, den anderen anzunehmen, schwierige Situationen zu ertragen und allem standzuhalten.

30

JUNI

Gelassen denken

Ich muss mein Denken umlenken, es von den zerstreuenden Gedanken über die Dinge wegbringen – hin zu einem Denken, das die Dinge sieht, wie sie sind, und sie auch so belässt. Dies ist ein Denken der Gelassenheit, ein Denken, das die Dinge und den Augenblick sein lässt.

Die Gedanken kommen und gehen lassen

Die Gedanken kommen und gehen, aber sie besetzen mich nicht. Ich habe keine Angst vor ihnen, stehe nicht unter dem Leistungsdruck, sie loswerden zu müssen, sondern ich gehe gelassen mit ihnen um, ich lasse sie kommen und gehen, bis immer weniger kommen, bis ich allmählich davon frei werde.

JULI

Schönheit

erleben

1

JULI

Das Schöne wahrnehmen

Ich nehme das Schöne wahr, und ich spüre, wie es mir guttut, wie heilend es auf mich wirkt. Das Schöne, das ich bestaune, von dem ich mich ergreifen lasse, bringt mich in Berührung mit meiner eigenen Schönheit, mit der Schönheit auf dem Grund meiner Seele.

Beschenkt

Guter Gott, in jedem Augenblick willst du mich beschenken: mit der Schönheit der Natur, die mich erfreut, mit Begegnungen, die mich berühren, mit Worten, die mir den Weg weisen, mit einem freundlichen Blick, der mein Herz öffnet. Ich danke dir für jeden Augenblick, denn in jedem Augenblick bist du bei mir.

2

JULI

Schönheit ist mehr als äußere Erscheinung

Schönheit ist mehr als die äußere Erscheinung. Ein Körper ist schön, wenn sich eine schöne Seele darin ausdrückt. Und letztlich ist ein Mensch schön, wenn er sich liebevoll anschaut. Schönheit hat immer auch mit Liebe zu tun. Nur wer sich selbst liebevoll anschaut, ist schön.

Mit Liebe betrachtet

Das gilt auch für die Beziehung zu anderen: Wer andere hasst, macht sie hässlich und wird selbst dabei hässlich. Und wer andere liebevoll anschaut, der entdeckt ihre Schönheit. Die Schönheit ist im anderen. Und die eigentliche Bedingung, um Schönheit im anderen wahrzunehmen, ist die Liebe, der liebevolle Blick auf ihn.

3
JULI

Schöpfer des Schönen

Wir begegnen nicht nur der schönen Schöpfung. Wir sind auch selbst Schöpfer des Schönen. Wir können diese Welt schön machen, in ihr eine Spur der Schönheit eingraben. Denn das Schöne bringt den Menschen in Berührung mit dem Heilen und Schönen in seiner Seele. Das Schöne ist heilsam für unsere Seele.

Heilende Liebe

Barmherziger Gott, du bist die Liebe, die mich umgibt. In deiner Gegenwart kann ich selbst gegenwärtig werden, komme ich mir selbst nahe. Und so werde ich bei dir ruhig und finde Frieden mitten in den Turbulenzen meiner Seele. Dank sei dir für deine heilende Liebe, die mich umgibt.

4

JULI

Erschreckend schön

Im Schönen berührt uns immer schon der Gott, der Liebe ist. Aber Schönheit kann auch erschrecken. Es ist der Gott, der uns erschüttert, der uns durch das Schöne bis ins Mark trifft und aufbricht. So ist das Schöne ein Ort der Gotteserfahrung, aber zugleich ein Ort der Ermutigung zum Leben, ein Ort des Trostes und der Heilung unserer Wunden.

Gut und schön

Gott hat die Welt gut und schön erschaffen. Und diese Schönheit ist in der Welt, trotz aller menschlichen Schuld. Die Faszination durch die Schönheit kann uns öffnen für die Erfahrung Gottes. Denn in allem Schönen, was uns innerlich anzieht, begegnet uns letztlich die Schönheit Gottes.

5
JULI

Schwache Schönheit

Wenn ich das Johannesevangelium als Herausforderung für meine Spiritualität meditiere, dann sehe ich vor allem die Aufgabe, die Herrlichkeit und Schönheit Gottes gerade auch in der eigenen Schwäche und Hinfälligkeit zu entdecken, in der Brüchigkeit und im Kreuz, das mich und meine Vorstellungen vom Leben immer wieder durchkreuzt. Gerade das Kreuz möchte mich aufbrechen für die tiefere Schönheit meiner Seele.

Gewaltlos

Wenn ich in einem Menschen etwas von der Liebe entdecke, die sich auch durch den Tod nicht unterkriegen lässt, dann schaue ich das Geheimnis der Schönheit, von der Johannes spricht. Ich schaue auf die Realität meiner Welt und erkenne trotzdem in ihr die Herrlichkeit Gottes, über die menschliche Gewalt und Grausamkeit keine Gewalt haben.

6

JULI

Gottes Gewand

Die Bibel berichtet uns davon, dass Gott die Schöpfung schön gemacht hat. Und immer wieder wird in den Psalmen die Schönheit der Schöpfung gepriesen, in der Gottes Glanz aufleuchtet. Sie ist gleichsam das Gewand, das Gott angezogen hat, um sich vor den Menschen zu zeigen.

Verstanden

Die Geschichte der christlichen Spiritualität ist voll von wunderbaren Dichtungen und Kompositionen, in denen Dichter und Musiker Gottes Schönheit für die Menschen aufleuchten und erklingen lassen. Sie waren nicht immer fromm. Aber sie haben oft mehr verstanden von Gottes Schönheit als Christen, die ihre Gottesdienste als fromme Pflicht, aber ohne Sinn für Gottes Schönheit feiern.

7

JULI

Leichtigkeit des Seins

Jesus hat uns aufgefordert, unseren Blick auf die Vögel und auf die Lilien des Feldes zu richten. In ihnen schauen wir nicht nur die Schönheit der Schöpfung, sondern wir lernen von ihnen die Leichtigkeit des Seins. Wir lernen von ihnen, was Gnade ist, Anmut und Schönheit. Wir erkennen in der Schönheit der Lilien auch unsere eigene Schönheit.

Beschenkt

Allmächtiger Gott, in der Schönheit der Landschaft schaue ich deine Schönheit, in der Zärtlichkeit der Blumen deine Zärtlichkeit, in der Ruhe der sanften Hügel deine göttliche Ruhe und Sanftheit. Ich danke dir für das Geschenk der Natur. In ihr spüre ich, dass durch die Blumen und Bäume hindurch deine Liebe zu mir strömt und mich erfüllt.

8
JULI

Gnade, nicht eigenes Tun

Die Spiritualität der Schönheit meint eine Spiritualität, bei der die Gnade im Mittelpunkt steht und nicht das eigene Tun. Ich nehme das Schöne wahr, und ich spüre, wie es mir guttut, wie heilend es auf mich wirkt.

Sich vom Schönen überraschen lassen

Aber das Schöne bringt noch einen anderen Zug in meine Spiritualität. Es ist eine empfangende und eine optimistische Spiritualität. Sie klingt nicht nach Arbeit wie etwa die asketische Spiritualität. Sie lässt sich vom Schönen überraschen.

9
JULI

Achtsamkeit und Ehrfurcht

Es braucht Achtsamkeit, um das Schöne wahrzunehmen. Und es bedarf unserer Ehrfurcht. Ohne Ehrfurcht verbirgt sich das Schöne vor unseren Blicken.

Staunend bewundern

Das staunende Bewundern der Schönheit in der Schöpfung führt zu einer neuen Beziehung zur Schöpfung und zu einem achtsamen Umgang mit ihr. Und es ist Ausdruck einer tiefen Frömmigkeit.

10

JULI

Ein Ort, um Gott zu erfahren

Für manche, die sonst eher Probleme mit der Kirche oder mit dem christlichen Glauben haben, ist das Schöne der Ort, an dem sie Gott erfahren oder zumindest offen sind für die Spur, die Gott in die Welt eingegraben hat.

Tief berührt

Viele Menschen erleben die Schönheit Gottes heute in der Natur und werden davon tief berührt. Als Christen und vor allem als Prediger werden wir die christliche Botschaft nur glaubhaft verkünden, wenn wir ähnliche Erfahrungen mit allen unseren Sinnen in der Natur machen.

11

JULI

Zufluchtsort

Ich habe mich immer wieder gefragt, wie das Schöne auf mich wirkt, was es mit meiner Seele und mit meinem Leib macht. Und ich habe festgestellt, dass das Schöne wie ein Zufluchtsort der Seele ist, an dem sie mitten in den Turbulenzen dieses Lebens ausruhen kann.

Mittendrin

Barmherziger Vater, ich bin mitten bei der Arbeit. Alles strömt auf mich ein. Schenke mir mitten im Trubel Ruhe und Klarheit, damit durch meine Arbeit etwas mehr Klarheit und Friede in den Menschen und zwischen den Menschen entsteht.

12

JULI

Freude an der Schönheit Gottes

Wenn ich selbst durch die Natur wandere, dann freue ich mich an der Schönheit Gottes, die in der Natur sichtbar wird. Da denke ich nicht über die Erlösung nach. Vielmehr bin ich dankbar für die Wiesen, die ich betrachte, für den weiten Blick in die Landschaft, für die Berge, die aufragen, die Ruhe, die die Landschaft ausstrahlt.

Lob singen

Allmächtiger und ewiger Gott, öffne unseren Blick für deine Schönheit, die in der Schöpfung sichtbar wird. Dann werden wir mit unserem Gebet den Himmel auch über den Menschen öffnen, für die wir stellvertretend gemeinsam mit den Engeln dein Lob singen.

13

JULI

Mütterlich

In der Natur fühle ich mich geborgen, weil sie nicht bewertet. Sie hat etwas Mütterliches an sich. Und in ihr erahne ich, dass Gottes Segen mich immer und überall einhüllt wie ein schützender Mantel. Die Schöpfung ist der große Segen Gottes für uns. Und wir sollten ihn dankbar genießen.

Sei behütet

Der barmherzige und gute Gott segne dich. Er umhülle dich mit seiner liebenden und heilenden Gegenwart. Er sei mit dir, wenn du aufstehst und dich niederlegst. Er behüte dich auf all deinen Wegen.

14
JULI

Gestillte Sehnsucht

Im Schönen wird unsere Sehnsucht nach Liebe gestillt. Alles Schöne ist auch in sich selbst voll von Liebe. Ein schöner Mensch spiegelt Liebe wider. Aber auch die schöne Landschaft, die schöne Blume sind von Liebe durchdrungen.

Stärker als der Tod aber ist die Liebe

In der Schönheit der Welt begegnet mir die Liebe als eine Macht, die stärker ist als der Tod, und als die Kraft, die meine tiefste Sehnsucht nach Glück und Heimat erfüllt.

15

JULI

Himmlische Musik

Musik ist ein Tor zum Himmel. Wir sprechen nicht umsonst von himmlischer Musik, von Musik, die uns verzaubert, die uns durch ihre Schönheit fasziniert und uns eine Ahnung vom Himmel schenkt.

Selbstvergessen

Indem ich schöne Musik höre, kann ich mich selbst vergessen, und meine Seele taucht ein in die Schönheit. Sie ist die Verheißung, dass mein ganzes Leben, so zerrissen und bruchstückhaft es momentan sein mag, eins wird, aufgehoben in der göttlichen Schönheit.

16

JULI

Liebe macht schön!

Die Schönheit kann Liebe hervorlocken. Aber umgekehrt macht die Liebe den anderen auch schön. Wenn ich einen Menschen liebe, wird er oder sie für mich zum schönsten Menschen, den ich kenne. Egal ob Frau oder Mann: dieser Mensch wird für mich schön.

Strahlend schön

Die Liebe erschafft die Schönheit, oder besser gesagt: Die Liebe lässt die Schönheit, die in jedem Menschen liegt, aufstrahlen.

17
JULI

Taborerlebnis

Die verborgene Schönheit tritt durch die Liebe ans Licht. Die Liebe verklärt den anderen. Oder anders gesagt: Der Mensch, den ich liebe, wird verklärt. Bei ihm geschieht das, was in Jesus auf dem Berg Tabor geschehen ist. Da leuchtet auf einmal sein Angesicht strahlend hell auf. Das Eigentliche bricht durch. Die ursprüngliche Schönheit wird sichtbar.

Der Himmel geht über allen auf

Herr Jesus Christus, lass uns einander so begegnen, dass wir füreinander den Himmel öffnen und dass im Miteinander der Himmel über uns aufgeht. So bitte ich dich, öffne den oft verhangenen Himmel über unserem Leben, damit dein Licht über uns leuchtet.

18

JULI

Objektiv

Viele Menschen pflegen ihren Leib, aber sie haben keine lebendige Beziehung zu ihm. Ihr Leib ist wie ein Objekt, das sie schön machen möchten. Aber sie selbst bewohnen und beseelen den Leib nicht.

Vom Licht erleuchtet

Statt nur an äußeren Formen des Körpers zu arbeiten, soll der Mensch sich darum bemühen, einfach und klar zu sein, sich vom Licht Jesu erleuchten zu lassen. Dann wird er schön sein. Dann wird durch ihn etwas Angenehmes, Schönes, Helles in die Welt hinausstrahlen.

19

JULI

Mit dem Herzen genießen

Beim Essen braucht es Achtsamkeit, um die Schönheit wahrzunehmen. Wir kochen nicht einfach Speisen, wir kochen mit dem Herzen. Und dann geht es darum, das mit dem Herzen Zubereitete auch mit dem Herzen zu genießen, sich Zeit zu lassen, um die Schönheit der Speisen wahrzunehmen, um sie langsam zu schmecken.

Zu Tisch!

Vater im Himmel, du schenkst uns dieses Essen. Lass uns nun gemeinsam deine Gaben genießen und dankbar sein für unsere Gemeinschaft. Es ist schön, miteinander zu essen und das Leben zu genießen, das du uns täglich schenkst.

20
JULI

Achtsames Wahrnehmen

Spiritualität ist achtsames Wahrnehmen des Geistes, achtsames Wahrnehmen der Schönheit, in der sich Gottes Geist für uns spiegelt, in der Gottes Liebe für uns erfahrbar, sichtbar und hörbar wird.

Dem Schönen Raum geben

Eine Spiritualität, die dem Schönen Raum gibt, ist außerdem eine heilende und therapeutische Spiritualität. Sie tut der Seele und dem Leib gut. Sie bringt uns in Berührung mit den heilenden Kräften unserer Seele.

21
JULI

Reines Anschauen

Wir beurteilen den Menschen nach irgendwelchen äußeren Schönheitsidealen. Es braucht das reine Herz, das den anderen anschaut, ohne ihn zu vereinnahmen, ohne ihn zu bewerten. Es lässt ihn einfach so, wie er ist. Dann erkenne ich in ihm die Schönheit. Man könnte auch sagen: Es sind Augen des Glaubens, die das Schöne im Menschen sehen und das Schöne in der Natur bestaunen.

Reinige mein Herz

Barmherziger Gott, läutere mein Herz, damit du mehr und mehr mein Denken und Fühlen bestimmst und ich auch die Menschen mit reinen Augen anschauen kann. Mit Augen, die nicht besitzen oder bewerten, sondern die die Menschen sie selbst sein lassen, mit Augen, die an das Gute und Reine in den Menschen glauben.

22
JULI

Schönheit verzaubert

Die Schönheit will genossen werden. Was wir schmecken, hören und schauen, ist schön. Es verzaubert uns, es verwandelt uns.

Genießen als Verzicht

Genießen kann nur, wer auch zu verzichten vermag. Die Fähigkeit zu genießen hängt daran, dass ich eine Grenze setze, dass ich nicht maßlos etwas in mich aufnehme, sondern stehen bleibe bei dem einen Blick, bei dem einen Schluck Wein, bei diesem Ton, der jetzt in mich eindringt.

23
JULI

Genießen als Weg zu Gott

Das Genießen ist für Jesus der Weg zu Gott, der Weg, der in die Liebe Gottes hineinführt. Die Pharisäer schneiden sich mit ihrer Spiritualität vom Leben ab. Jesu Spiritualität des Genießens öffnet auch den weniger frommen Menschen für Gott und lässt ihn das Geheimnis Gottes erahnen.

Der Weg der Umkehr

Jesus trinkt voller Dankbarkeit den Wein, den Gott dem Menschen geschenkt hat. Und er zeigt damit den Sündern und Zöllnern, die sich an diesen Geschenken Gottes erfreuen und sie genießen, einen Weg der Umkehr: einen Weg, diese guten Gaben in Dankbarkeit von Gott anzunehmen.

24
JULI

Vor allem Tun

Die Schönheit ist uns vorgegeben. Sie ist schon da, bevor wir etwas tun. Unsere Aufgabe ist, das, was Gott uns in der Schönheit geschenkt hat, dankbar anzunehmen. Wir sollen die Schönheit empfangen wie einen Gast, der uns entgegenkommt.

Schwanger gehen

Wir öffnen unsere Hände, damit wir die Schönheit aufnehmen können. Und indem wir die Schönheit in uns aufnehmen, werden wir schwanger davon, wird die Schönheit unseren Leib und unsere Seele verwandeln. Es wächst etwas Neues in uns. Wir werden fruchtbar.

25
JULI

Empfänglich

Wir nehmen aktiv das in uns hinein, wir nehmen in unser inneres Seelenhaus auf, was uns in der Schönheit des Seins, in der Schönheit der Natur oder der Kunst entgegenkommt. Wir empfangen in der Schönheit die Wohltat Gottes.

Dankbar sein – wesentlich sein

Die Dankbarkeit ist eine wesentliche Haltung christlicher Spiritualität. Der Höhepunkt christlicher Gottesdienste ist die Eucharistie, die Danksagung für die schönen Werke Gottes, für das schöne und gute, für das angemessene und heilsame Handeln Gottes in Jesus Christus.

26

JULI

Mir selbst begegnen

Das Schöne zu betrachten ist ein Weg der Heilung. Ich überspringe die Verletzungen meiner Lebensgeschichte nicht. Ich nehme sie wahr. Aber ich gehe durch sie hindurch in den Grund meiner Seele, in dem ich nicht nur der Stille und dem Geheimnis begegne, sondern auch der Schönheit meiner Seele und der Schönheit Gottes, die sich in dem inneren Licht spiegelt.

»Ich bin die Tür«

Jesus, oft finde ich keinen Zugang zu mir selbst. Ich fühle mich wie abgeschnitten von mir. Du hast von dir gesagt: »Ich bin die Tür.« Gib du mir den Schlüssel, damit die Tür zu meinem Herzen aufgeht, damit ich eintreten kann in mein Inneres und dich als den innersten Kern in mir entdecke.

27

JULI

Im Garten aufblühen

Wenn man durch einen schön angelegten Garten geht, dann blüht etwas in der Seele auf. Die Seele wird gereinigt und klar. Manche meinen, das sei reine Ästhetik. Aber wenn ich mich mit ganzer Seele der Schönheit öffne, dann ist das Spiritualität. Denn dann berührt und reinigt und heilt mich Gott selbst als die Urschönheit in allem Schönen.

Mit den Augen der Hoffnung

Ich schaue mit den Augen des Glaubens in die Welt, um in allem Schönen das Urschöne, das Göttliche, zu sehen. Und ich schaue mit Augen der Hoffnung auf das Schöne, das mir außen begegnet. Die Augen der Hoffnung vermitteln mir das Vertrauen, dass das Schöne auch in mir ist.

28
JULI

Seelenlandschaft

Wenn ich von einer schönen Landschaft träume, ist es immer ein Bild für meine eigene Seelenlandschaft. In mir ist das wunderbare Licht, das mir im Sonnenuntergang entgegenleuchtet. Ich gehe ganz im Betrachten auf, weil ich mich in diesem Augenblick selbst als wunderbar erlebe.

Nicht sattsehen

Gott, du hast mich geschaffen. Ich danke dir, dass du mich so wunderbar gemacht hast. Du hast auch die Natur erschaffen, deren Schönheit ich bewundern darf. Ich kann mich manchmal gar nicht sattsehen, wenn ich durch eine schöne Landschaft wandere oder eine Blume betrachte. Du bist der Schöpfer, dessen Hand mich gestaltet hat und mich Tag für Tag immer wieder formt.

29
JULI

Einswerden

Im Schauen der Schönheit schaue ich Gott selbst. Und indem ich im Schauen mit Gott eins werde, werde ich auch mit Gottes Schönheit eins. Ich erkenne nicht nur die eigene Schönheit. Ich werde vielmehr eins mit dem Schönen um mich herum.

Gott in allem finden

Wer mit Gott in der Kontemplation eins wird, der kann Gott nicht als etwas Besonderes sehen, sondern er sieht Gott in allem. Und er sieht ihn in sich selbst. Denn die Kontemplation ist verbunden mit dem Schauen eines inneren Lichtes. Gott leuchtet also wie in einem Spiegel in der menschlichen Seele auf.

30

JULI

Schönheit als Verantwortung

Es ist unsere Verantwortung, dass wir diese Welt im Sinne Gottes gestalten und die Schönheit, die Gott in die Welt gelegt hat, durch unser Handeln nicht verdecken, sondern zur Geltung bringen.

Priesterliches Tun

Schönes um sich zu schaffen und zu gestalten ist nicht eine Frage der Ästhetik, sondern der Spiritualität. Letztlich ist es priesterliches Tun, dass wir als Priester und Priesterinnen das Heilige und Schöne nicht nur hüten, sondern es auch darstellen, diese Welt schöner machen, indem wir dort, wo wir sind, Schönheit verbreiten.

31
JULI

Die Quelle des Schöpferischen sprudeln lassen

In uns ist eine Quelle des Schöpferischen, in uns ist eine Quelle des Schönen. Und unsere Aufgabe ist es, diese Quelle des Schönen und Kreativen in uns sprudeln zu lassen, zum Segen für uns selbst und für die Menschen, damit durch uns Schönes entsteht, das heilsam für die Menschen ist.

Zum Segen werden

Barmherziger und guter Gott, erfülle mit deinem Segen die ganze Welt, damit wir die Welt als Segen erfahren dürfen. Segne uns alle, damit wir füreinander zum Segen werden.

AUGUST

Achtsam sein

1
AUGUST

Multitasking

Unser Alltag ist oft so vollgestopft mit Terminen, Begegnungen und Dingen, die erledigt werden müssen, dass wir mehreres gleichzeitig tun, um überhaupt noch für alles Zeit zu finden: Wir frühstücken, während wir Zeitung lesen, arbeiten auf dem Weg zur und von der Arbeit im Zug und erledigen unsere Hausarbeit, während der Fernseher läuft.

Gegenprogramm

Achtsamkeit ist ein Gegenprogramm. Das meint, die Dinge, die ich tue, ganz bewusst zu tun, und dass ich nicht nur körperlich, sondern gerade auch geistig ganz bei der Sache bin, also dabei nicht daran denke, was gestern war oder morgen sein wird, sondern ganz im Augenblick bin, nichts anderes denke als das, was ich gerade tue.

2

AUGUST

Einladung

Achtsamkeit ist eine Einladung, besser für sich zu sorgen, sich mehr zu entspannen und zu erholen. Dann kann ich auch meine Gefühle besser wahrnehmen.

Perspektivwechsel

Indem ich mich selbst beobachte, distanziere ich mich für den Augenblick von meinen Gefühlen. Ich spüre, dass ich da mal genauer hinschauen muss, lasse mich aber nicht von den Gefühlen überfluten. Das hilft mir, zu mir selbst Abstand zu bekommen, sozusagen einen Schritt von mir zurückzutreten und Gefühle wie auch die Wirklichkeit, in der ich lebe, aus einer anderen Perspektive zu betrachten

3
AUGUST

Sich selbst achten

Achtsamkeit heißt auch, dass ich mich selbst achte. Wenn ich spüre, dass mich negative Emotionen bestimmen, dann entwerte ich mich nicht, sondern ich bin es mir wert, dass ich für mich sorge. Ich achte auf meine Seele, ich achte darauf, was mein Gleichgewicht stört. Und ich gebe auf mich selbst acht, damit ich wieder in Einklang komme mit mir.

Zeit für mich

Sich selbst achten heißt auch, dass man sich Zeit gönnt für sich, dass man sich verabschiedet von der Illusion, immer nur geben und leisten zu können. Jeder hat auch Bedürfnisse. Und die müssen ebenso in angemessener Weise befriedigt werden, damit es möglich ist, gut zu leben.

4

AUGUST

In Beziehung leben

Wer achtsam lebt, der lebt in Beziehung mit sich selbst, mit der Schöpfung, mit Gott und mit den Menschen.

Höher, schneller, weiter

Die eigentliche Krankheit unserer Zeit ist die Beziehungslosigkeit. Weil man nicht in Beziehung ist mit sich selbst, weil man nicht im Augenblick lebt, braucht man immer größere Anreize, um sich überhaupt noch zu spüren. Man muss dann möglichst weit weg in den Urlaub fahren, möglichst riskante Sportarten treiben, um überhaupt Leben zu erfahren.

5

AUGUST

Das Leben atmen

Wer mit sich in Beziehung ist, der spürt bei einem einfachen Waldspaziergang intensiv das Leben. Er ist in Beziehung zur Natur, er riecht den eigenartigen Duft des Holzes, des Waldbodens, der Blumen. Er hört die Vögel zwitschern und die vielen Insekten herumschwirren. Er atmet das Leben ein und hat darin alles, wonach er sich sehnt.

Ausgebeutet

Weil viele nicht mehr in Beziehung zu den Dingen sind, gehen sie brutal mit ihnen um. Sie benutzen sie nur für die eigenen Zwecke, sie beuten sie aus, sie zerstören sie.

6

AUGUST

Die Kunst der Achtsamkeit

Die Kunst besteht darin, den Weg der Achtsamkeit zu gehen, um ein Gespür zu entwickeln für Gott. Achtsam sein heißt: aufmerken auf das, was ist. Ich mache mir bewusst, was ist. Ich lebe nicht in den Tag hinein, sondern denke über das nach, was ich tue, was mir begegnet.

Lass mich hören, lass mich sehen

Herr, lass mich heute auf dich hören, an dich denken, auf meine Mitmenschen achten. Lass mich fühlen, wenn jemand betrübt ist, wenn jemand traurig ist, wenn jemanden etwas bedrückt. Lass mich helfen, wenn jemand einsam ist, ausgeschlossen wird oder abseits steht.

7

AUGUST

Erschrecken, um aufzuwachen

Wir verbinden mit Achtsamkeit oft Behutsamkeit und haben den Eindruck, dass es etwas Sanftes und Zärtliches ist. Aber Achtsamkeit kann auch mit Erschrecken zu tun haben. Manchmal haben wir uns durch unsere eigenen Illusionen von der Wirklichkeit so eingelullt, dass wir erschrecken müssen, um aufzuwachen.

Einübung in die Wirklichkeit Gottes

Die Achtsamkeit ist eine Einübung in die faszinierende, aber zugleich auch erschreckende Wirklichkeit Gottes. Gott ist auch der, der einem in die Knochen fahren kann. Das hat Hiob erlebt, als Gott ihm die Größe der Schöpfung vor Augen führte.

8

AUGUST

Bis in die Knochen berührt werden

Furcht Gottes hat nichts mit Angst zu tun, sondern sie meint: bis in die Knochen von Gott berührt werden. Gott ist eine Macht, die den Menschen ergreift und packt.

Über das Geheimnis staunen

Das gilt auch für die Erfahrung Jesu Christi: Immer wenn die Jünger ihn erleben, überkommt sie Furcht. Furcht ist die Voraussetzung dafür, dass sie die Andersartigkeit Jesu, dass sie seine Göttlichkeit wahrnehmen, dass sie über sein Geheimnis staunen.

9
AUGUST

Aufwachen

Achtsames Leben heißt Aufwachen vom Schlaf. Der indische Jesuit de Mello meint, viele Menschen würden schlafen. Sie meinen, ihr Leben bestünde nur aus Arbeit, Beziehungen, Erfolg und Misserfolg, Wohlbefinden, gesichertem Dasein. Achtsam zu sein ist keine Flucht vor der Wirklichkeit, sondern ein Aufwachen zur Wirklichkeit.

Die Augen öffnen

Herr Jesus Christus, ich danke dir für dieses Leben, für jeden Augenblick, in dem ich atmen, fühlen, lieben und mich freuen kann. Ich bitte dich, dass ich dankbar durch das Leben gehe und durch meine Dankbarkeit auch den Menschen um mich herum die Augen öffne für das Geheimnis ihres Lebens.

10
AUGUST

Wachsam sein

Das Bild des Wächters war im Mönchtum beliebt. Evagrius gebraucht das Bild des Türhüters, der jeden Gedanken untersucht, der in das Haus des Geistes eintreten möchte, und ihn befragt, ob er zum Hausherrn gehört oder ob er ein Eindringling ist, der sich unberechtigterweise einschleichen möchte.

Türsteher für die eigenen Gedanken

Der Türhüter weist alle unpassenden Gedanken ab, damit wir wirklich Herr in unserem Hause bleiben, damit wir es selbst bewohnen und damit Gott in unserem Hause wohnen mag.

11
AUGUST

Bewohnt

Gott wohnt schon in allen Räumen unseres inneren Hauses, noch bevor wir unser Haus richtig bewohnen. Daher leben wir nur dann angemessen, wenn wir diesen Gott in uns nicht vergessen, sondern auf seine Gegenwart achten, in allem auf Gott bezogen sind.

Vor den Augen Gottes

Alles, was wir tun und denken, geschieht vor den Augen Gottes. Geistlich leben heißt: im Bewusstsein des gegenwärtigen Gottes leben, vor den Augen Gottes leben, der mich wohlwollend und hebend anschaut, der mich aber auch durchschaut, vor dem ich nichts verbergen kann.

12

AUGUST

Zum Leben kommen

Der Mönch soll vor dem Haus seines Herzens wachen und genau darauf achten, welche Gedanken in sein Haus eintreten wollen, ob sie ihm guttun oder nicht. Und er soll darauf achten, auf welche Energie ihn seine Gedanken und Gefühle hinweisen wollen, was in ihm zum Leben kommen möchte.

Hinauswerfen

Guter Vater, ich habe mich maßlos geärgert. Erfülle mein Herz mit deiner Liebe, damit ich wieder zur Ruhe komme. Verwandle meinen Ärger in Klarheit und Frieden, aber auch in Kraft, den anderen aus mir hinauszuwerfen, damit ich mich wieder ganz dir und den Menschen, denen ich begegne, zuwenden kann.

13

AUGUST

Dableiben

Gerade im Unrecht, im Unverstandensein sollen wir nicht davonlaufen, sondern dranbleiben, bei uns bleiben, in Beziehung bleiben zu unserem eigentlichen Kern. Dann, so sagt Benedikt, werden wir »salvus« sein: ganz sein, heil sein.

Nicht weglaufen

Ich laufe vor mir und meiner Wahrheit nicht davon. Indem ich offenbare, was in mir ist, bleibe ich in Beziehung zu mir selbst und komme mit meiner innersten Wirklichkeit auch in eine tiefe Beziehung zu einem anderen Menschen.

14

AUGUST

Von innen heraus achtsam

Als Ziel des Demutsweges gibt Benedikt an, dass wir Gottes Weisung nicht mehr aus Furcht, sondern »ganz mühelos und natürlich und wie aus Gewohnheit ... aus Liebe zu Christus« (RB 7,68f) befolgen, dass wir von innen heraus achtsam sind für Gottes Impulse, die er uns in den leisen Regungen unseres Herzens täglich gibt.

Lust an der Tugend

Wenn wir in der Liebe mit Christus in unserem Herzen zusammenwohnen, dann sind wir in Berührung mit uns selbst, und dann haben wir Lust an der Tugend, dann sind wir voll Freude darüber, dass unser Leben »taugt« und gelingt, dann wächst das richtige Verhalten aus uns selbst.

15

AUGUST

Frommsein als Leistung

In der Begleitung beobachte ich immer wieder Menschen, die geistliches Leben vor allem als Leistung missverstehen. Sie meinen, sie müssten vor Gott etwas leisten, sie müssten viele fromme Übungen machen, viel beten und alle ihre Fehler mehr und mehr besiegen. Ein so verstandenes geistliches Leben ist sehr anstrengend. Und viele fühlen sich schnell überfordert.

Geschmacklos

Wer dagegen sein geistliches Leben vor allem als Leistung versteht, die er vor Gott und vor sich und seinem schlechten Gewissen vollbringen muss, für den wird seine Frömmigkeit oft genug zur Verhinderung von Leben. Er lebt nicht wirklich, sondern er flüchtet sich in sein religiöses Tun wie in einen Lebensersatz. So bekommt er weder Geschmack an Gott noch an sich und seinem Leben.

16

AUGUST

Intensiv leben

Spiritualität als Achtsamkeit will uns nicht überfordern, sie will uns vielmehr die Kunst lehren, intensiv zu leben, sie will uns zur »Lust am Leben« einladen.

Innere Freiheit

Wenn Benedikt Spiritualität vor allem als Achtsamkeit versteht, dann führt er uns zu einer Haltung der inneren Freiheit. Wer ganz im Augenblick lebt, der kann ihn ganz kosten, genießen, für den wird die Erfahrung Gottes zugleich zur Erfahrung des vollen Lebens, des Lebens in Fülle.

17

AUGUST

Unabhängig

Wer achtsam lebt, wer wach ist, der ist auch frei, der lässt sich nicht von anderen bestimmen, der ist im Sinn des heiligen Paulus nicht mehr Sklave der Sünde oder des Gesetzes, nicht mehr abhängig von irgendwelchen inneren oder äußeren Erwartungen. Er ist vielmehr frei, das heißt, er kann gehen, wohin er möchte. Und er wird erfahren, dass er über sich selbst verfügt, anstatt dass von anderen über ihn verfügt wird.

Freiheit und Einssein

Freiheit und Einssein, das sind die beiden wichtigsten Ziele eines achtsamen Lebens. Und es sind auch die beiden tiefsten Sehnsüchte des Menschen.

18

AUGUST

Ganz sein

Der Weg aus der Zerrissenheit ist der Weg der Achtsamkeit. Er besteht darin, ganz im Augenblick zu sein, ganz in der Gebärde zu sein, ganz im Atem, ganz in den Sinnen.

Einssein

Wenn ich ganz in meinem Leib, in meinen Sinnen bin und so durch die Natur gehe, dann fühle ich mich mit allem eins, mit der Schöpfung und darin mit Gott und mit allen Menschen, die Teil dieser wunderbaren und geheimnisvollen Schöpfung sind.

19

AUGUST

Zum Segen werden

Wenn wir mit unserem Umweltschutz nur unser schlechtes Gewissen beruhigen, werden wir auf Dauer die Schöpfung nicht bewahren. Nur wenn wir aus innerer Freiheit und aus der Erfahrung des Einsseins heraus handeln, wird es für uns und für die Welt zum Segen gereichen.

Reine Präsenz

Die Achtsamkeit ist die Kunst der reinen Präsenz. Wenn ich ganz gegenwärtig bin, ganz im Augenblick, dann bin ich mit allem eins. Dann wird der achtsame Umgang mit der Schöpfung Ausdruck meiner Erfahrung, der Erfahrung des ganz und gar Gegenwärtigseins.

20
AUGUST

Nicht ohne Gott

In der Achtsamkeit geht es darum, alles Widerstreitende in mir und um mich herum zu verbinden. Ohne Gott bekommen wir die Gegensätze in uns und in unserer Welt nicht zusammen. Aber in Gott fallen sie zusammen.

Nicht mehr ich lebe

Herr Jesus Christus, ich danke dir, dass du in mir Wohnung nimmst, dass du nicht zurückweichst vor dem Chaos meines Herzens, vor der Zerrissenheit meiner Gefühle. Lass mich mit dem heiligen Paulus die befreiende Erfahrung machen, dass nicht mehr ich lebe, sondern du in mir. Lass diese Erfahrung fruchtbar werden für die Welt.

21
AUGUST

Täglich zum Freuen

Eine besondere Weise, sich am Augenblick zu freuen, ist die Freude an persönlichen Ritualen. Ich freue mich zum Beispiel, wenn ich mich morgens nach dem Aufstehen aufrecht hinstelle und die Hände zum Segen erhebe. Ich segne die Menschen, mit denen ich heute zu tun haben werde. Dieses Segnen ist mein Morgenritual, auf das ich mich täglich freue.

Segen sein

Barmherziger und guter Gott, segne heute diesen Tag, damit alles, was ich in die Hand nehme, gelingen möge. Segne die Begegnungen, die du mir heute schenkst, damit sie zum Segen werden für mich und für die, denen ich begegne.

22

AUGUST

Handfest

Rituale sind etwas Handfestes. Ich nehme einen Stein in die Hand, zünde eine Kerze an. Mitten im Alltag bringt mich das Handfeste in Berührung mit mir selbst. Ich bleibe stehen und spüre im Ritual mich selbst.

Raus aus der Routine

Weil unser Leben ein beständiges Fest ist, feiern wir das Leben in den Ritualen. So bekommt es einen festlichen Charakter. Das Ritual zieht den Alltag aus einer leeren Routine heraus und gibt ihm den Glanz eines Festes. Der Sinn des Festes ist, dass der Mensch dem Leben zustimmt.

23

AUGUST

Heilige Zeit

Das Ritual schafft einen heiligen Ort und eine heilige Zeit. Und heilig ist das, was der Welt entzogen ist. Die heilige Zeit gehört mir. Darüber kann niemand verfügen. Ich atme darin auf, ich fühle mich frei. Sie ist meine eigene Zeit. Ich habe das Gefühl, dass ich in ihr selbst lebe, anstatt gelebt zu werden.

Heilsame Rituale

Die heilige Zeit, die ich oft auch mit einem heiligen Ort verbinde – mit meiner Gebetsecke oder mit der Kirche oder dem Kreuzgang –, ist heilsam für mich. Sie zeigt mir, dass ich jetzt ganz da bin, eins mit mir selbst, eins mit Gott.

24
AUGUST

Keine Pflicht, sondern Freiheit

Das Ritual ist mir keine Pflicht, die ich erfüllen muss, sondern es schafft mitten in den Verpflichtungen des Alltags einen Freiraum, der mir gehört und der mich frei aufatmen lässt.

Neu entdeckt

Rituale sind der Ort, an dem Gefühle ausgedrückt werden, die sonst nur selten oder gar nicht zum Ausdruck kommen. Das tut den Menschen gut. Das vertieft ihre Beziehungen. Manchmal erzählen mir dann die Menschen, dass sie sich darüber freuen, Rituale für sich neu entdeckt zu haben. Und dass sie diese Rituale gerne vollziehen, dass diese ihrem Leben eine neue Qualität und neue Freude schenken.

25
AUGUST

Bei mir selbst sein

Schweigen meint nicht bloß, dass ich nicht rede, sondern dass ich die Fluchtmöglichkeiten aus der Hand gebe und mich aushalte, wie ich bin. Ich verzichte nicht nur auf das Reden, sondern auch auf all die Beschäftigungen, die mich von mir selbst ablenken. Im Schweigen zwinge ich mich, einmal bei mir selbst zu sein.

Stille Analyse

Schweigend entdecken wir, wie es um uns steht. Das Schweigen ist wie eine Analyse unseres Zustandes, wir machen uns nichts mehr vor, wir sehen, was in uns vorgeht.

26

AUGUST

Offenbartes Chaos

Die ersten Augenblicke des Schweigens enthüllen uns oft unser inneres Durcheinander, das Chaos unserer Gedanken und Wünsche. Es ist schmerzlich, dieses Chaos auszuhalten.

Distanz schaffen

Das Schweigen bewirkt Distanz sich selbst gegenüber. Es braucht erst eine Zeit des Schweigens, um sich selbst wieder klarer zu sehen.

27
AUGUST

Einfachheit des Herzens

Die Einfachheit des Herzens hat viel mit Reinheit und Absichtslosigkeit zu tun. Ich will nur das eine und nicht auch noch tausend Dinge nebenbei.

Aufstrahlen

Guter Gott, lass mich alles loslassen, was mich hindert, jetzt im Augenblick zu leben. Lass mich vor allem meine eigenen Bilder von mir loslassen, damit dein Bild in mir aufstrahlt, das du dir von mir gemacht hast.

28

AUGUST

»Selig, die arm sind im Geiste«

Das meint die erste Seligpreisung: einfach nur sein, ohne viel haben zu müssen – so wie das deutsche Märchen vom »Hans im Glück« es schildert: Als Hans alles verloren hat, was ihm geschenkt worden war, fühlt er sich als der glücklichste Mensch. Er ist ganz im Augenblick und tanzt vor Freude. Er braucht zu seinem Glück nichts Äußeres.

Franziskus

Herr Jesus Christus, du hast den heiligen Franziskus mit einer Liebenswürdigkeit beschenkt, die uns heute noch anzieht. Befreie mich von aller Gier, mit der ich alles an mich raffen möchte. Schenke mir, was ihn ausgezeichnet hat: seine innere Freiheit und Fröhlichkeit und Gelassenheit.

29
AUGUST

Akedia

Akedia meint: Wir sind nie dort, wo wir gerade sind, und erleben nie den gegenwärtigen Augenblick. Immer sind wir anderswo und sind doch nirgends. Als Heilmittel gegen die Akedia empfiehlt der Wüstenvater Evagrius Ponticus das Aushalten, das Bleiben im eigenen »Kellion« – das ist die kleine Wohnung des Einsiedlermönches. Man muss bei sich bleiben, um wieder in die eigene Mitte finden zu können.

Alles ist eins

Wenn ich nicht davonlaufe, sondern aushalte, dann können sich die Emotionen langsam ordnen. Dann bin ich einfach da, bin in meiner Mitte. Ich bin in Berührung mit mir, mit dem Sein, mit dem Geheimnis. Ich bin bei Gott und vor Gott und in Gott. Es umgibt mich ein tiefer Friede. Gottes liebende und heilende Gegenwart hüllt mich ein. Die Zerrissenheit ist aufgehoben. Alles ist eins.

30
AUGUST

Einverstanden mit sich selbst

Jeder kennt wohl die Erfahrung, dass er sich auf einmal ganz eins gefühlt hat. Einer steht auf einem Berg und schaut in die ihn umgebende Bergwelt. Er ist ganz im Schauen und vergisst alles um sich herum. In diesem Augenblick ist er ganz eins mit sich, mit der Natur, mit Gott. Da ist er auch im Einklang mit seiner Lebensgeschichte, einverstanden mit sich selbst.

Augenblicke der Einheit

Die sexuelle Verschmelzung kann so eine Einheitserfahrung sein oder der Genuss einer guten Speise, das Trinken eines köstlichen Weines, das Tanzen, das Spielen, das schweigende Wandern, das Liegen auf einer Frühlingswiese. In solchen Augenblicken ist alles klar. Wir sind dankbar für unser Leben. Wir spüren, dass alles gut ist, dass wir ganz und gar von Gott geliebt sind.

31
AUGUST

Geschenkt!

Die Einheitserfahrung ist keine Flucht vor unserer Zerrissenheit, sondern sie wird uns ab und zu geschenkt, und zwar dann, wenn wir uns allen Polen unseres Seins zuwenden, wenn wir uns auch mit unserer Schattenseite aussöhnen, wenn wir die eigene Zerrissenheit akzeptieren.

Freizeit

Gütiger Gott, bewahre mich davor, die freie Zeit, die du mir geschenkt hast, zu verplanen und mit neuen Aktivitäten zu stopfen. Lass alles, was ich in dieser Freizeit tue, den Geist der Weite atmen, der Lockerheit, der Freiheit, der Freude. Erfülle du mich mit deiner Freude, damit durch mich diese Freude weitergehen kann zu den Menschen, mit denen ich lebe.

SEPTEMBER

Das Leben genießen

1

SEPTEMBER

Nur ein Wort

Wir haben im Deutschen nur das eine Wort Liebe, um ihr Geheimnis zum Ausdruck zu bringen: die Liebe zwischen Mann und Frau, die Liebe der Eltern zu ihren Kindern, die Liebe zwischen Freunden, die Nächstenliebe, die Liebe zu sich selbst, die Liebe Gottes zu uns und unsere Liebe zu Gott.

Die Macht der Liebe

Die Liebe ist einfach eine Macht, eine Kraft, die im Menschen ist. Man kann das philosophisch erklären oder man kann es – wie Paulus es tut – als Gabe des Heiligen Geistes verstehen. Gott hat uns durch Jesus Christus seinen Geist geschenkt. Und dieser Geist ist ein Geist der Liebe.

2

SEPTEMBER

Liebe ist eine Gabe

Für Paulus ist die Liebe ein Charisma, das heißt: eine Gabe, die Gott uns aus Gnade schenkt. Sie ist eine Befähigung zu einer neuen Weise des Lebens. Und für Paulus ist sie die höchste Gnadengabe, die Gott uns in Jesus Christus anbietet.

Niemand ist ohne Liebe

Der Brief an die Korinther hält für alle Menschen eine Frohe Botschaft bereit, weil er ihnen zeigt, dass niemand ohne Liebe ist und dass die Liebe das Leben jedes Menschen zu verwandeln vermag.

3

SEPTEMBER

Gottes Engel trägt uns

Auf unserem Weg durchs Leben ist Gottes Engel uns immer ein treuer Begleiter. Er schützt und behütet uns. Er erinnert uns daran, dass Gott uns nicht verlässt. Seine Liebe hält und trägt uns. Bei ihm dürfen wir uns geborgen fühlen.

Liebe, die aufrichtet

Alle Ängste, Nöte und Sorgen, die uns bedrücken, dürfen wir bei ihm loslassen. Durch seinen Engel schenkt uns Gott Mut und Zuversicht. Wenn wir meinen, mit unserer Kraft am Ende zu sein, richtet uns Gottes Liebe wieder auf.

4

SEPTEMBER

Die Quelle der Liebe

Der Engel der Liebe verheißt mir, dass ich auch dann, wenn ich mich allein fühle, von Liebe erfüllt bin. Denn die Liebe, die ich von Menschen erfahren habe, verweist mich auf die Quelle der Liebe, die in mir strömt. Es ist letztlich eine göttliche Quelle, die nie versiegt.

Kein Gefühl, sondern eine Qualität des Seins

Durch all die erfüllenden und enttäuschenden Erfahrungen, die ich mit der Liebe gemacht habe, will der Engel der Liebe zu der Liebe in mir führen, die jenseits dieser Erfahrungen liegt. Diese Liebe ist kein Gefühl, das wieder vergeht. Sie ist eine Qualität des Seins.

5

SEPTEMBER

Der Weg der Liebe

Paulus verweist seine Gemeinde auf den Weg der Liebe. Dieser Weg ist auf der einen Seite nüchterner. Denn die Liebe drückt sich in ganz konkreten Verhaltensweisen im Alltag aus. Auf der anderen Seite ist Liebe auch faszinierend. Denn sie spricht die tiefste Sehnsucht des Menschen nach Verwandlung, nach Erfüllung, nach Verzauberung aus.

Eine Kraft, die den Menschen antreibt

Paulus schreibt nicht moralisierend über die Liebe. Er ist vielmehr fasziniert von der Gabe, die Gott uns durch den Heiligen Geist geschenkt hat. Er beschreibt sie als eine eigene Macht, als eine Quelle, aus der der Mensch schöpft, als eine Kraft, die den Menschen antreibt.

6

SEPTEMBER

Seine eigene Mitte spüren

Wer von der Liebe erfüllt ist, dem können die Turbulenzen des Lebens nichts anhaben. Er verliert das Gefühl der inneren Entfremdung. Er kommt mit sich selbst in Berührung. Er spürt seine eigene Mitte.

In Liebe zur Ruhe kommen

Die Liebe eröffnet in unserem Herzen einen Raum, in dem wir Ruhe finden. Und sie bringt uns in Berührung mit unserem wahren Wesen. Sie macht uns vertraut mit uns selbst, mit dem inneren und ursprünglichen Bild, das Gott sich von uns gemacht hat.

7

SEPTEMBER

Der Geschmack von Weite und Freiheit

Paulus schreibt im Hohelied der Liebe weder über die Liebe zu Gott noch zum Menschen noch über die Liebe zwischen Mann und Frau, sondern über die Liebe als Fähigkeit, als Kraft, die das Leben verändert und ihm einen Geschmack von Weite und Freiheit und Zärtlichkeit schenkt.

Liebe verwirklichen

Paulus beschreibt, welche Möglichkeiten Gott uns durch die Liebe ins Herz gesenkt hat. Gott selbst ermöglicht uns die Liebe. Doch unsere Aufgabe ist es, nach dieser Liebe, die uns als Gabe geschenkt wird, auch zu streben, sie auch in unserem konkreten Leben zu verwirklichen.

8

SEPTEMBER

Nicht ohne Liebe sein

Ohne Liebe finden wir nicht zu unserem wahren Selbst. Wir gewinnen das, was Gott uns geschenkt hat, erst in der Liebe. Ob es die Liebe in der Ehe oder in der Freundschaft ist oder die Liebe Gottes zu uns oder unsere Liebe zu Gott, in allem erfahren wir etwas von der Liebe als Sein, die alles vollendet und ganz macht.

Bedingungslos

Guter Gott, ich sehne mich nach Liebe. Ich sehne mich danach, dass ein Mensch mich bedingungslos liebt und dass ich diese Liebe erwidern darf, dass ich liebe und geliebt werde. Lass meine Liebe nicht ins Leere laufen, sondern erwidert werden und gelingen.

9

SEPTEMBER

Gesunde Spannung

Es braucht eine gesunde Spannung zwischen der begehrenden Liebe, die auch das eigene Glück sucht, und der selbstlosen Liebe, die sich in der Erfahrung der Liebe selbst vergisst und so eins wird mit dem Geliebten.

Nicht aus der Liebe fallen

Menschen, die einander lieben, berühren in ihrer Gegenseitigkeit das Ewige. Und die Liebe ist auch die Kraft, die den Tod überwindet, die stärker ist als der Tod. Wir werden auch im Tod nicht aus der Liebe fallen. Im Gegenteil, im Tod werden wir die Liebe in ihrer reinen Form, in ihrem reinen Sein erfahren.

10

SEPTEMBER

In der Sehnsucht nach Liebe ist schon Liebe

Die eigentliche Botschaft des Hohelieds der Liebe lautet für mich: Auch wenn du dich momentan nicht geliebt fühlst und keinen Menschen hast, mit dem du in Liebe verbunden bist, so traue der Liebe, die in dir ist. Du hast eine Ahnung von Liebe in dir. Du sehnst dich nach Liebe. In deiner Sehnsucht nach Liebe ist schon Liebe.

Der Liebe trauen

Wenn du an der Liebe leidest, weißt du dennoch, was Liebe ist. In dir ist die Gabe der Liebe. Gott selbst hat die Liebe in dein Herz gesenkt. Traue dieser Liebe. Lass sie in dir zu. Spüre sie. Genieße sie. Sie macht dein Leben reicher.

11

SEPTEMBER

Liebe ist kein Besitz

Ich kann Liebe nicht einfach haben wie einen Besitz. Vielmehr geht es darum, Liebe zu sein und durch die Liebe ein neues Sein zu erfahren. Wer sich in der Liebe für den anderen öffnet, der hat teil am absoluten Sein als Liebe.

Gemeinsame Wege

Guter Gott, schenke du mir die Liebe, die mich mit einem Menschen verbindet. Schenke mir einen Menschen, der mich so liebt, wie ich bin, der mit mir den Weg gemeinsam gehen will, der mit mir sein Leben teilen will.

12

SEPTEMBER

Potenzial

Indem Paulus die Eigenschaften beschreibt, erinnert er uns an die Möglichkeiten und Fähigkeiten, die in uns bereitliegen. Denn die Liebe ist ja in uns. Wir sollen sie nur wirken lassen.

Zur Arznei werden

Dort, wo wir den anderen lieben, können seine Wunden heilen. Ein Mensch kann für den anderen zur Arznei werden, wenn er sich von der Liebe leiten lässt.

13

SEPTEMBER

Liebe ist wie Sauerteig für die Welt

Die Liebe verwandelt nie nur mein eigenes Herz, sondern immer auch das Miteinander der Menschen. Sie ist wie ein Sauerteig, der in die Gesellschaft hineinwirkt, wie ein Licht, das das Dunkel dieser Welt erhellt.

Worte der Liebe

Guter Gott, befähige mich durch deinen Heiligen Geist, dass die Worte, die ich sage, die Menschen aufrichten und ermutigen. Lass es Worte der Liebe sein, die heilen und trösten, die Beziehung stiften, die versöhnen und befreien, die einen neuen Horizont eröffnen, die den Himmel aufbrechen lassen über der Verschlossenheit der Menschen und ihnen vermitteln, dass ihr Leben wertvoll ist und einmalig.

14

SEPTEMBER

Mit weitem Herzen lieben

Gott vermag nur in einem weiten Herzen zu wohnen. Wer ein weites Herz hat, der kann auch Menschen lieben, die ihm nicht auf den ersten Blick sympathisch sind. Das weite Herz bricht die Verengung und die Verschlossenheit auf, es vermag auch zu warten. Es hofft darauf, dass sich Enge in Weite und Verschlossenheit in Offenheit verwandelt.

Langer Atem

Wer durch die Liebe ein weites Herz bekommt, der regt sich nicht ständig über die anderen auf. Ein enges und kleinkariertes Herz verbraucht viel zu viel Energie damit, sich über andere zu ärgern. Das weite Herz hat Raum für die Menschen mit ihren Eigenheiten. Es ist gelassen. Es hat einen langen Atem.

15

SEPTEMBER

Das Gute wecken

Die Liebe hat in sich die Tendenz, sich dem anderen zuzuwenden. Sie zeigt sich nach außen zu den Menschen als gut und gütig. Und daher weckt sie im anderen das Gute. Sie behandelt ihn gut, sie berührt ihn mit liebevollen Händen.

Liebe gibt nicht auf

Diese Liebe ist daher immer auch optimistisch. Die Liebe gibt keinen Menschen auf. Sie glaubt, dass selbst in dem, der andere verletzt, der voller Bosheit und Härte ist, die Sehnsucht nach Liebe ist, die Sehnsucht nach Gutsein. Und indem die Liebe an diesem Glauben und an dieser Hoffnung festhält, vermag sie im anderen das Gute hervorzulocken.

16

SEPTEMBER

*»Sie ereifert sich nicht, sie prahlt nicht,
sie bläht sich nicht auf«*

Die Liebe ruht in sich. Ihr fällt es nicht ein, auf andere neidisch oder eifersüchtig zu sein.

Unstillbar

Welche Sehnsucht steckt in der Eifersucht? Es ist die Sehnsucht, von einem anderen als einzigartig angesehen zu werden und seine Liebe allein für sich zu haben. Die Sehnsucht verweist mich auf ein unstillbares Bedürfnis nach Liebe. Indem ich mein Bedürfnis zugebe, kann es sich relativieren.

17

SEPTEMBER

Verlässlich und absolut

In meiner Eifersucht versuche ich, die Sehnsucht nach einer Liebe zu entdecken, die nicht brüchig ist, auf die ich mich verlassen kann, die absolut ist. Letztlich ist es die Sehnsucht nach der göttlichen Liebe.

Unbegrenzt und unermesslich

Guter Gott, ich halte dir meine Eifersucht hin. Führe mich durch sie in den Grund meiner Seele, in dem ich mich nach bedingungsloser und absoluter Liebe sehne. Lass mich erahnen, dass deine göttliche Liebe in mir ist – eine Liebe, die unbegrenzt und unermesslich ist.

18

SEPTEMBER

»Sie freut sich nicht über das Unrecht, sondern freut sich an der Wahrheit«

Echte Liebe freut sich an der Wahrheit, an der eigenen Wahrheit und an der Wahrheit des anderen. Nur die Liebe befähigt mich, dem anderen die Wahrheit zu sagen. Und ich kann auch meine eigene Wahrheit nicht mit einem bloß analytischen Blick anschauen. Ich brauche einen liebenden Blick, um mich meiner Wahrheit zu stellen.

Berührt werden

Herr, ich halte dir meine Wahrheit hin und bitte dich: Berühre mich mit deinen liebenden Händen, damit ich es auch wage, in Berührung zu kommen mit allem, was in mir ist, auch mit dem Dunklen und Unangenehmen, mit dem Verdrängten und vom Leben Ausgeschlossenen.

19

SEPTEMBER

Zum Vorschein kommen

Der liebende Blick bewertet nicht. Er lässt die Wirklichkeit sein, wie sie ist. Wahrheit ist ja, dass die Wirklichkeit so, wie sie ist, zum Vorschein kommt.

Wahre Liebe

Die wahre Liebe hat dazu den Mut, auch wenn die Wahrheit bedeutet, dass die Beziehung zu Ende ist. Sie verurteilt nicht, sondern deckt die Wahrheit auf, damit sie für alle heilsam wird.

20

SEPTEMBER

Aufstehen aus dem Grab der Angst

Die Geschichte von der Auferweckung des Lazarus beschreibt das Geheimnis der Liebe: dass die Liebe den anderen aus dem Grab seiner Angst, seiner Selbstbeschuldigung und Selbstaufgabe herauszulocken vermag. Die Liebe ermöglicht dem Menschen, der durch seinen Hass in sich tot ist, Auferstehung. Die Liebe erweckt innerlich erstarrte Menschen zu neuem Leben.

Überwinden

Herr Jesus Christus, in deiner Auferstehung hast du die Resignation des Todes überwunden. Lass auch mich mitten im Alltag Auferstehung erfahren, dass ich aufstehe aus dem Grab meiner Angst und Resignation – hinein in das Leben, das du mir schenkst.

21
SEPTEMBER

Aufgeben

Das Geheimnis der Liebe besteht darin, dass sie es ermöglicht, den anderen so zu sehen, wie Gott ihn gemeint hat. Ich gebe dabei alle meine Bilder auf, die ich auf den anderen projiziert habe. Manchmal sind es idealisierte Bilder, die wir dem Geliebten überstülpen. Doch dann lieben wir nicht den anderen so, wie er ist, sondern nur das Bild, das wir uns von ihm gemacht haben.

Selbstbefreiung

Indem ich den anderen so sehe, wie Gott ihn gemeint hat, ermögliche ich es ihm, sich selbst von allen ihn verstellenden Bildern zu befreien, ganz er selbst zu werden, authentisch und frei. Wenn er meine Liebe erfährt, wird er frei vom Druck, mir imponieren zu müssen, mir beweisen zu wollen, was er alles kann und was für ein guter Mensch er ist.

22

SEPTEMBER

Das Geheimnis lieben

Je näher ich dem anderen in der Liebe komme, desto mehr lösen sich alle Bilder auf, die ich mir von ihm gemacht habe. Ich liebe ihn in seinem Geheimnis. Letztlich kann ich den anderen gar nicht genau beschreiben. Ich kenne ihn, aber das, was ich kenne, kann ich nicht rein äußerlich fassen. Ich kenne sein Herz. Und sein Herz ist unbeschreiblich.

Bilderverbot

So wie das Alte Testament den Menschen das Verbot auferlegt, sich von Gott ein Bildnis zu machen, so gilt das auch für den Menschen – vor allem für den, den ich liebe. Ich darf mir kein Bildnis von ihm machen. Je mehr ich mich von meinen Bildern befreie, die ich trotz allem in mir trage, desto näher komme ich ihm, desto mehr werden wir miteinander eins.

23

SEPTEMBER

Lebendig bleiben

Die Quelle der Liebe in uns wird nur lebendig, wenn sie immer wieder von der Erfahrung menschlicher Liebe zum Sprudeln gebracht wird. Und die Glut der Liebe vermag nur dann alles in uns zu erwärmen, wenn sie durch die Begegnung mit Menschen, die voller Liebe sind, immer wieder entfacht wird.

Göttlicher Geschmack

Wir werden an der Liebe nicht verzweifeln. Wir werden aber auch nicht das Brüchige daran verdrängen. In aller Erfahrung der Freundesliebe, der ehelichen Liebe, der sexuellen Liebe, der geistigen Liebe werden wir die Liebe berühren, die in Gott gründet und die uns von Gott geschenkt ist als eine Macht, die unserem Leben einen göttlichen Geschmack verleiht.

24

SEPTEMBER

Wohnung Gottes

Der Mensch ist Wohnung Gottes, das sagt uns die Bibel (vgl. Johannes 14,23). Wenn ich den anderen Menschen so sehe, dann sehe ich in ihm Christus selbst.

Mit Ehrfurcht achten

Diesen Blick lehrt uns auch der heilige Benedikt in seiner Klosterregel. Wir sollen in jedem Bruder und in jeder Schwester Christus sehen. So muss ich den anderen nicht bis ins Letzte hinein verstehen. Ich achte ihn voller Ehrfurcht. Ich lasse ihn in seinem Geheimnis.

25

SEPTEMBER

Einswerden in Liebe

Wenn wir miteinander in der Liebe eins geworden sind, dann können wir weder uns noch den anderen genau beschreiben. Unsere Identität wird ein Geheimnis. Wir berühren einander, lösen uns aber nicht in unserem Personsein auf. Nur die Bilder, die wir von uns und vom anderen in uns tragen, lösen sich auf, damit Einswerden möglich wird.

Ich liebe, weil ich liebe

Wir lieben diese Frau einfach, nicht, weil sie besonders schön ist, oder diesen Mann, weil er besonders attraktiv und männlich ist. Wir lieben ihn einfach. Es ist gut, sich das selbst immer wieder vorzusagen. Ich brauche meine Liebe auch nicht vor mir selbst zu rechtfertigen. Ich liebe, weil ich liebe. Ich bin, weil ich bin.

26

SEPTEMBER

Besessen

Viele sind geradezu besessen von einem Ur-Misstrauen, dass sie so, wie sie sind, nicht anerkannt werden. Sie sagen sich: Wenn der andere wüsste, wie ich wirklich bin, dann könnte er mich nicht mehr akzeptieren. Oder: Wenn die Menschen wüssten, wie es in mir ausschaut, welche Fantasien ich habe, dann hätten sie keine Achtung mehr vor mir.

Sich selbst lieben lernen

Diesem Ur-Misstrauen nicht zu verfallen, dass ich mich so, wie ich bin, den anderen nicht zumuten möchte, ist nicht leicht. Nicht in diese Falle zu tappen verlangt Demut, es verlangt Mut zur eigenen Wahrheit – und Mut, die eigenen Schattenseiten zu akzeptieren. Es tut schlicht weh. Aber Verleugnung ist kein Weg. Die eigene Wahrheit in aller Demut anzunehmen führt viel eher zur Ruhe des Herzens.

27

SEPTEMBER

Nächstenliebe

Wenn ich den Nächsten liebe, weil ich entweder mein schlechtes Gewissen beruhigen möchte oder weil ich Angst habe, ich könnte sonst Ablehnung erfahren und mich einsam fühlen, dann ist das keine wirkliche Liebe. Ich bin dann vielmehr Sklave meiner Angst und Sklave des Gesetzes im Sinn des heiligen Paulus.

Freie Söhne und Töchter

Die Liebe, die Christus uns verkündet, ist nicht die Liebe von Sklaven, sondern von freien Söhnen und Töchtern, es ist die Liebe, die der Freiheit entspringt und in die Freiheit führt.

28

SEPTEMBER

Liebe macht frei

Die Freiheit von den Erwartungen der anderen und die Freiheit vom Kreisen um sich selbst sind die Voraussetzungen für die Liebe. Nur wer von sich frei geworden ist, kann sich für andere selbstlos einsetzen. Er ist frei für die Menschen, die ihn brauchen. Frei, sich in Liebe hinzugeben.

Einlassen

Wer wirklich frei ist, der kann sich in aller Freiheit auf den anderen einlassen, ohne ständige Angst, dass er selbst dabei zu kurz kommt, dass er nicht genügend Kraft hat, um zu helfen. Die wahre innere Freiheit macht mich auch frei für den Einsatz für andere.

29

SEPTEMBER

Liebe verleiht Flügel

Der italienische Schriftsteller Luciano de Crescenzo (geboren 1928) hat ein schönes Bild für die menschliche Liebe gebraucht: das Bild des Flügels. Ohne Liebe ist der Mensch ein Engel mit nur einem Flügel. Damit kann man nicht fliegen. Wir brauchen einen zweiten. Und den bekommen wir, wenn uns ein Mensch umarmt, der uns liebt.

Umarmen, nicht umklammern

In der Umarmung klammere ich mich nicht am anderen fest. Ich gebe ihm vielmehr Anteil an meiner Kraft. Ich leihe ihm meinen Flügel, damit er sich mit seinem eigenen und dem meinen in die Lüfte erheben kann.

30

SEPTEMBER

Von oben betrachtet

In der Liebe entfliehen wir unserem täglichen Chaos. Wir schauen von oben her auf das, was wir im Alltag tun. Der Blick von oben relativiert dann alles. Häufige Streitthemen werden belanglos, wenn wir sie von oben aus anschauen. Das Aussichtslose, das uns schlaflose Nächte bereitet, bekommt auf einmal einen Ausweg.

Beflügelt

Die Liebe beflügelt unsere Seele, damit sie sich in die Höhen schwingen kann. Die Liebe beflügelt uns zu großen Werken, sie beflügelt uns zur Hingabe, zum Einsatz für andere Menschen, zur mystischen Erkenntnis Gottes.

OKTOBER

Ernten

1

OKTOBER

Freude macht gesund

Die Freude hat eine therapeutische Funktion. Sie macht den Menschen innerlich gesund, sie schenkt ihm Lebendigkeit und Lust. Sie führt ihn aus der Vereinzelung heraus, in die ihn die einengende Angst gedrängt hat, und führt ihn zur Solidarität mit den Menschen.

Freudiger Antrieb

Freude bringt in uns etwas in Bewegung. Sie ist eine heilende und anregende Kraft. Sie erzeugt Lebendigkeit, und sie treibt zu einem Handeln an, das auch für andere Menschen heilsam ist.

2
OKTOBER

Kreativ und selbstbestimmt

»Freude ist der Ausdruck eines erfüllten Lebens«, meint der griechische Philosoph Aristoteles. Die intensivste Freude empfindet der, der seine Fähigkeiten verwirklicht und dessen Aktivität durch keine inneren oder äußeren Blockaden behindert wird. Wer sein Leben selbst gestaltet und wer kreativ ist, der erlebt auch Freude.

Entschieden freudig

Ich kann mich bewusst für die Freude entscheiden oder aber für das Jammern über alles, was schwierig ist. Die Entscheidung zur Freude überspringt die negativen Aspekte des Lebens nicht. Aber sie bleibt nicht bei der Dunkelheit stehen. Sie sieht auch im Dunkeln noch ein Licht leuchten. Sie sucht nach dem Licht in allem, was uns begegnet.

3

OKTOBER

Lebendigkeit und Lebensfülle

Freude ist Ausdruck von Lebendigkeit und Lebensfülle. Wenn ich Freude so verstehe, befreie ich mich von dem Druck, mich immer freuen und jederzeit mit einem fröhlichen Lächeln herumlaufen zu müssen.

Mit aller Leidenschaft

Freude wird uns nicht einfach in den Schoß gelegt. Sie ist Ausdruck eines Lebens, das wir mit aller Leidenschaft leben und in dem wir alle unsere Fähigkeiten entfalten, die Gott uns geschenkt hat.

4

OKTOBER

Ewiges Leben – im Jetzt

Jesus vermittelt ewiges Leben. Das meint nicht das Leben nach dem Tod, sondern das Leben, das stärker ist als der Tod, das Leben, das ganz im Augenblick gelebt wird und bei dem Zeit und Ewigkeit zusammenfallen. Es ist intensives Leben. Diesen Sinn meint Jesus auch, wenn er davon spricht, dass wir durch den Glauben jetzt schon vom Tod zum Leben übergegangen sind.

Leben in Fülle

Jesus versteht sich im Johannesevangelium als der, der uns dieses wirkliche Leben bringt: »Ich bin gekommen, dass sie das Leben haben und es in Fülle haben.« (Johannes 10,10) Das griechische Wort für »Fülle« meint auch »überfließen«. So wie ein Brunnen überfließt und auch die Menschen um ihn herum erfrischt, so ist Leben immer etwas Überfließendes. Es teilt sich mit, es bleibt nicht für sich allein.

5
OKTOBER

Mit allen Sinnen

Leben hat immer auch mit Freiheit und Weite zu tun. Wer lebt, der atmet frei, der entfaltet sich, der blüht auf und der spürt sich. Leben heißt immer auch: spüren, fühlen, sensibel sein, mit allen Sinnen leben.

Frucht bringen

Am rein äußeren Leben kann man sich nicht freuen. Ich kann mich nur an einem Leben freuen, das den Namen »Leben« auch verdient. Und dieses Leben bedeutet Lebendigkeit und Sinnhaftigkeit, es ist erfülltes Leben. Es ist ein Leben, das blüht und das Frucht bringt, sodass andere davon leben können.

6

OKTOBER

Leben will geteilt werden

Leben will immer auch geteilt werden. Leben heißt: in Beziehung sein. Leben will Austausch. Leben und Freude hängen zusammen. Wenn ich wirklich lebe, dann erfahre ich auch Freude. Dann brauche ich keine Aufforderung, mich über das Leben oder am Leben zu freuen.

Sei du die Tür

Jesus, sei du die Tür, damit ich Zugang finde zu den Menschen, mit denen ich lebe und arbeite, damit ich sie verstehe und ihnen helfen kann, sich selbst zu entdecken. Zeige mir bei allem, was mich bewegt, dass du bei mir bist, dass du die Tür bist, durch die ich schreiten kann, um den Raum zu betreten, in dem ich mich, meine Freude und das Leben finde.

7

OKTOBER

Quelle der Freude

Auf dem Grund unserer Seele sprudelt eine Quelle der Freude und des Lebens. Aber oft sind wir von dieser Quelle abgeschnitten. Sie droht zu versickern. Wir haben den Eindruck, dass sich eine Schicht von Sorgen und Problemen, von Ärger und Trauer über die Quelle gelegt hat. Dieser Ärger und diese Unzufriedenheit schneiden uns ab von der Quelle, die darunter liegt. Wir spüren sie nicht mehr.

Worte, die zum Fließen bringen

Durch Jesu Worte kommen die Menschen wieder in Berührung mit der Quelle der Freude, die schon längst in ihnen ist. Seine Worte lassen diese Quelle anschwellen, sodass sie auch das Bewusstsein der Menschen durchdringt und sich in ihrer Stimmung zeigt.

8
OKTOBER

Musik!

Ein Zugang zur oft verborgenen Quelle der Freude ist die Musik. Der Kirchenvater Augustinus, der eine eigene Theologie der Musik entfaltet hat, meint: Das Singen führe uns in das Innerste unserer Seele. Es bringe uns in Berührung mit dem Grund unserer Seele, in dem die Freude wie eine Quelle in uns strömt.

Singen für die Seele

Viele Menschen sagen, sie könnten nur singen, wenn sie einen Grund der Freude in sich spüren. Aber man kann auch einen anderen Weg probieren, indem man zum Beispiel die eigenen Lieblingslieder im Auto singt, wenn man allein unterwegs ist, oder in der Wohnung, wenn einen niemand hört.

9

OKTOBER

Satt werden von Freude

»Die Seele nährt sich von dem, an dem sie sich freut«, sagt Augustinus. Wir werden nicht nur durch das genährt, was wir essen. Die Freude an den Dingen ist die eigentliche Nahrung, die unsere Seele nährt. Von der Freude wird die Seele satt. Sie wird so stärker und kraftvoller.

Nahrhaft

Jesus Sirach drückt diese Beziehung zwischen Freude und Leib und Nahrung so aus: »Herzensfreude ist Leben für den Menschen, Frohsinn verlängert ihm die Tage ... Neid und Ärger verkürzen das Leben, Kummer macht vorzeitig alt. Der Schlaf des Fröhlichen wirkt wie eine Mahlzeit, das Essen schlägt gut bei ihm an.« (Jesus Sirach 30,22.24f) Die Freude nährt den Menschen, seine Seele, aber letztlich auch seinen Leib.

10

OKTOBER

Ganz im Augenblick

Wenn ein Mensch ganz im Augenblick ist, dann hat er alles, was er braucht. Indem ich die innere Freiheit spüre, weil ich niemandem etwas beweisen oder vorweisen muss, wird die Freude in mir immer größer. Ich freue mich einfach an der Tatsache, dass ich lebe, dass ich springen kann, dass ich da bin und diese Welt in ihrer Schönheit wahrnehme.

Innerer Einklang

Freude ist Ausdruck des inneren Einklangs, des Ausgesöhntseins mit sich selbst. Freude ist eine Entscheidung für das Leben, das man lebt. Man will kein anderes und schielt nicht nach dem Leben der anderen. Man vergleicht sich nicht. Man lebt einfach sein Leben. Das ist Grund genug zur Freude.

11

OKTOBER

Entschieden für mich

Freude hat auch mit der Entscheidung zu tun: Ich entscheide mich für mich selbst. Ich erlaube mir, so zu sein, wie ich bin. Ich höre auf, mich ständig zu entwerten, mich mit anderen zu vergleichen. Ich bin ich. Ich bin von Gott geschaffen. Ich bin Gottes geliebter Sohn, Gottes geliebte Tochter. Diese Geschichte gehört zu mir. Ich bin froh, sie erlebt zu haben.

Wohl in meiner Haut

Ich erlebe viele Menschen, die sich in ihrem Leib ablehnen. Sie meinen, sie würden den Erwartungen ihrer Umgebung nicht entsprechen. Sie fühlen sich in ihrer Haut nicht wohl. Sie müssen erst wieder lernen, sich anzunehmen und zu lieben, wie sie sind, genau so, wie sie von Gott vorbehaltlos angenommen und geliebt sind.

12

OKTOBER

Hände, die schenken

Ich freue mich an meinen Händen, weil ich mich in ihnen so lebendig fühle und viel mit ihnen ausdrücken kann. Mit meinen Händen kann ich zärtlich sein, Trost spenden oder Nähe schenken. Und mit meinen Händen kann ich beten. Wenn ich meine Hände vor Gott öffne, dann werde ich ganz eins mit mir, dann ahne ich, dass Gott die Sehnsucht meines Leibes nach Nähe und Zärtlichkeit erfüllt.

Sinnenvoll

Ich freue mich an meinem Mund, der Worte formulieren kann, die die Menschen berühren. Ich freue mich an meiner Nase und an dem, was sie zu riechen vermag. Wenn ich durch die Landschaft gehe, rieche ich gerne. Jede Landschaft hat ihren eigenen Geruch und Duft. Ich freue mich an meinen Augen, mit denen ich andere anschauen und ihnen Wohlwollen und Ansehen vermitteln kann.

13

OKTOBER

Freude heißt auch loslassen können

Freude ist immer die Zustimmung zum Augenblick. Ich kann mich nur wirklich freuen, wenn ich auch bereit bin, wieder loszulassen. Wer die Freude festhalten will, der vertreibt sie oder verhindert sie schon im Vorhinein.

Sich freuen, solange es Zeit ist

Es gibt auch Tage, die wir lieber nicht sehen möchten, doch manche Menschen können sich nicht freuen, aus Angst, die Freude würde ihnen schon im nächsten Augenblick genommen. Aber das ist eben unser Anteil, dass wir uns freuen, solange es Zeit ist, dass wir aber auch bereit sind, das anzunehmen, was weniger angenehm ist.

14

OKTOBER

Schönheit der Schöpfung

Dem Menschen, der einen Blick für die Schönheit der Schöpfung hat, bieten sich täglich tausend Gelegenheiten zur Freude. Schon wenn ich in der Frühe das Fenster öffne, kann ich mich an der frischen Luft freuen, die mein Zimmer durchdringt. Oder wenn die Sonne gerade aufgeht, kann ich mich am milden Morgenrot freuen.

Genügend Gründe, sich zu freuen

Ich kann mich freuen am schönen Weg, an der Stille, die der Wald mir schenkt. Ich nehme den Geruch des Waldes oder der Wiese wahr, ich freue mich an der Lebendigkeit, die mich umgibt, am Zwitschern der Vögel, am Rauschen des Waldes, am leisen Wehen des Grases, an den Grillen, die zirpen. Es kommt nur darauf an, dass ich ganz im Augenblick bin und bewusst die Natur wahrnehme. Dann gibt es genügend Gründe, mich zu freuen.

15

OKTOBER

Aufblühen

Die Schönheit der Schöpfung erzeugt von selbst in uns Freude. Aber es braucht auch die Offenheit dafür. Wenn ich bewusst die Schönheit der Schöpfung wahrnehme und mich daran freue, dann ist das gesundheitsfördernd, dann tut das nicht nur dem Leib, sondern auch der Seele gut, dann werden meine Augen leuchten, und das Leben in mir blüht auf.

Sehen, was ist

Viele sind heute unfähig zur Freude. Ihr Blick hat sich so auf die eigenen Probleme fixiert, dass sie vor lauter Jammern über die eigene Situation gar nicht sehen, wie schön die Welt um sie herum ist. Sie sehen nicht, was ist.

16

OKTOBER

Die Zeit ist erfüllt

Wer achtsam ist, wer ganz im Augenblick ist, wer mit seinem Geist nicht ständig in der Vergangenheit oder in der Zukunft umherschweift, sondern sich auf jeden einzelnen Augenblick einlässt, der hat die Botschaft Jesu verstanden, die er als erstes öffentliches Wort verkündet hat: »Die Zeit ist erfüllt, das Reich Gottes ist nahe. Kehrt um, und glaubt an das Evangelium.« (Markus 1,15)

Im Augenblick die Fülle der Zeit erfahren

Das Wort »die Zeit ist erfüllt« bedeutet: Jetzt in diesem Augenblick ist die Fülle der Zeit da. Jetzt sind Zeit und Ewigkeit miteinander verbunden, jetzt sind Himmel und Erde miteinander eins.

17

OKTOBER

Die Kunst des Augenblicks

Sich über den Augenblick zu freuen will gelernt sein. Es ist die Kunst, sich ganz auf den Augenblick einzulassen. Das ist leichter gesagt als getan. Ich merke auch, wie sich trotz aller Versuche, ganz gegenwärtig zu sein, immer wieder Gedanken einschleichen, die mich woandershin treiben.

Stimmig leben

Für mich ist es wichtig, nach innen zu horchen und zu spüren, was für mich jetzt stimmt. Und wenn ich stimmig handle und lebe, stellt sich auch wieder die Freude ein.

18
OKTOBER

Die Kehrseite der Medaille

Es kann auch sein, dass mich manchmal eine tiefe Traurigkeit befällt. Wenn ich diese zulasse, dann ist sie kein Gegensatz zur Freude, sondern nur die Kehrseite der Medaille. Sie gehört genauso zum Leben wie die Freude.

Eine Ahnung von Getragenwerden

Wenn ich meiner Traurigkeit auf den Grund gehe, wenn ich ihr dahin folge, wohin sie mich führen möchte, dann entdecke ich auf ihrem Grund die Ahnung von Getragenwerden und Geborgensein. Dann spüre ich die Schwere der Traurigkeit und zugleich tief in ihr eine stille Freude.

19

OKTOBER

Wer nicht genießt, wird ungenießbar

Von Johann Wolfgang von Goethe stammt der Satz: »Wer nicht genießen kann, wird irgendwann ungenießbar.« Er drückt damit die Erkenntnis aus, dass gut und gerne essen und trinken auch ein Ausdruck und eine Quelle der Lebensfreude sind.

Sättigungsmöglichkeit

Viele Menschen schlingen ihr Essen nur hinunter, sie verstehen ihre Essenszeiten nur als Sättigungsmöglichkeit. Sie haben keinen Blick für das gute Essen. Ich kenne auch Menschen, die beim Essen ständig ein schlechtes Gewissen haben, weil sie zu viel essen und wieder ein Kilo zunehmen könnten. All diese Menschen verderben sich selbst die Freude am Essen.

20

OKTOBER

Guter Geschmack

Wer gute Speisen und einen guten Wein genießen kann, der wird auch für die Menschen in seiner Umgebung angenehm. Weil er einen guten Geschmack hat, geht auch von ihm ein guter Geschmack auf die anderen aus. Die Gespräche mit ihm hinterlassen einen angenehmen Nachgeschmack. Man spürt bei ihm die Freude am Leben.

Gottesdienst

»Iss freudig dein Brot und trink vergnügt deinen Wein; denn das, was du tust, hat Gott längst so festgelegt, wie es ihm gefiel.« (Kohelet 9,7) Für Kohelet ist das freudige Essen und Trinken letztlich Gottesdienst. Indem ich mit Freude mein Brot esse und meinen Wein trinke, denke ich an Gottes Güte, der mir in diesen Gaben seine Menschenfreundlichkeit und Fürsorge zeigt.

21
OKTOBER

Beschenkt

Vor ein paar Jahren starb unser Bruder Coelestin. Er war ein echtes Original. Wenn ich Namenstag feierte, las er mir ein selbstverfasstes Gedicht vor und spielte mir auf seiner Trompete etwas vor. Als das nicht mehr ging, nahm er seine Mundharmonika und tanzte mir dazu etwas vor. Als ich mich dann bedankte, meinte er immer, es sei doch das Schönste, anderen eine Freude zu bereiten.

Die größte Freude

Vielleicht mag einer einwenden, Bruder Coelestin habe die anderen dazu benutzt, sich selbst in den Mittelpunkt zu stellen und seinen Auftritt zu genießen. Aber ist es denn so schlimm, wenn es jemandem selbst die größte Freude bereitet, andere zu erfreuen? Wenn bei beiden Freude wächst, so liegt in diesem Tun doch Segen für alle.

22

OKTOBER

Der Freude trauen

Indem wir anderen eine Freude machen, wächst auch in uns wieder die Freude am Leben. Wir müssen uns dann nicht den Kopf darüber zerbrechen, ob das jetzt egoistisch ist oder nicht, ob wir das nur tun, damit es uns selbst besser geht. Wir dürfen dem Gefühl trauen, dass es uns und dem anderen guttut.

Das Gesetz der Freude

Das ist wohl ein inneres Gesetz der Freude, dass sie sich ausbreiten und zum anderen hinströmen möchte. Und indem sie zum anderen fließt, fließt sie auch zu uns zurück.

23

OKTOBER

»Die Freude am Herrn ist eure Stärke«

Ich finde diesen Satz der Bibel bemerkenswert: »Die Freude am Herrn ist eure Stärke.« (Nehemia 8,1) Es ist nicht die Furcht vor Gott, nur ja den Willen Gottes zu erfüllen, nicht das schlechte Gewissen, sondern die Freude am Herrn gibt uns Kraft, die Freude an seiner Botschaft, die Freude an seiner Gegenwart, die Freude an Gott, der uns für würdig hält, ihm zu dienen.

Angesteckt

Natürlich bin ich nicht immer in der Stimmung, die der Psalmist gerade von mir erwartet. Aber wenn ich mich von Worten der Freude anstecken lasse, dann spüre ich, wie sie mir guttun. Da erahne ich, dass diese Worte stimmen. In ihnen komme ich mit dem tiefsten Grund meiner Freude in Berührung.

24

OKTOBER

Was mir niemand nehmen kann

Die Freude, die im Gebet aufkommt, muss ich nicht festhalten. Ich weiß, dass im nächsten Augenblick schon andere Stimmungen das Herz trüben und bedrücken können. Aber ich bin mit der Ahnung einer Freude in Berührung gekommen, die mir niemand nehmen kann.

Seelengrund

Diese Freude liegt auf dem Grunde des Herzens verborgen. Sie kann zwar durch den Ärger und die Trauer über misslungene Gespräche und Begegnungen überdeckt werden, aber das Gebet führt mich auf den Grund meiner Seele, in den inneren Raum, in dem mit Gott auch die Freude wohnt.

25

OKTOBER

Gott kann uns nicht abhandenkommen

Die Freude an Gott ist eine Freude, die uns immer begleitet. Sie kann uns auch durch die Wechselfälle des Lebens nicht genommen werden, weil Gott uns nicht abhandenkommen kann.

Sehnsucht nach wahrer Freude ist Sehnsucht nach Gott

So ist die Sehnsucht nach wahrer Freude, die in jedem Menschen steckt, immer auch die Sehnsucht nach Gott, der allein beständige und unzerstörbare Freude zu schenken vermag.

26

OKTOBER

Eine Frucht des Heiligen Geistes

Die Freude wird von Paulus im Galaterbrief als eine Frucht des Heiligen Geistes verstanden. Sie hat eine spirituelle Grundlage und ist mehr als eine optimistische und fröhliche Grundhaltung.

Frohe Botschaft

Das Evangelium ist die Frohe Botschaft, die Botschaft von der Freude über Gottes Wirken in Jesus Christus. Eine Spiritualität, die vor lauter Moralisieren die Freude vergisst, widerspricht dem Evangelium Jesu Christi.

27

OKTOBER

Ein Bild für die Liebe Jesu

Der Wein ist nicht nur in der Eucharistie ein Bild für die Liebe Jesu Christi. Er wird vor allem auch von Menschen getrunken, die sich lieben. Der Wein löst nicht nur die Zungen, sondern öffnet auch die Herzen füreinander.

Verzaubert

Das Gefühl der Liebe verzaubert die Herzen. Der Wein verstärkt diese Verzauberung. Er erfüllt die Herzen mit einem wohligen Gefühl, mit dem gleichen Gefühl, das auch die Liebe in uns erzeugt und hinterlässt. Es ist ein Gefühl des Getragenseins, des Erhobenseins in eine andere Dimension.

28

OKTOBER

Unser Leben ist ein Fest

Wir setzen uns am Abend zusammen, um das zu feiern, was Gott uns heute geschenkt hat. Das Ritual des Weintrinkens drückt aus, was die stoische Philosophie über das menschliche Leben gesagt hat: Unser Leben ist ein Fest.

Sich Zeit nehmen füreinander, für das Leben

Wir nehmen uns Zeit füreinander. Wir setzen uns gemeinsam an einen Tisch. Wir trinken Wein und sprechen miteinander. Wir teilen nicht nur den Wein, sondern auch unser Leben, Freud und Leid, Höhen und Tiefen, Erfolge und Misserfolge. Der Wein öffnet unsere Herzen füreinander, sodass wir voller Mitgefühl dem anderen zuhören.

29

OKTOBER

Vielmehr soll er immer nur Freude empfinden

Hildegard von Bingen schreibt über die Askese: »Sinn dieser Anweisungen ist nicht, den Menschen Beschwerlichkeiten spüren zu lassen, vielmehr soll er immer nur Freude empfinden.« Das ist für mich eine gute Definition von Askese: Askese als bewusstes Verzichten soll helfen, dass wir immer nur Freude empfinden, dass Freude der Grundton unseres Lebens ist.

Verzichten befreit

Bewusstes Verzichten will uns befreien von der bedrückenden Last unserer Gier und unserer Launen. So will uns die Askese mit der beständigen Freude in Berührung bringen.

30

OKTOBER

Wenn Gott herrscht

Wenn Gott herrscht, dann ist die Herrschaft des Egos zu Ende. Das Ego ist immer unruhig. Es will immer im Mittelpunkt stehen. Es will beachtet werden. Es ruht nie aus. Wenn Gott herrscht, dann werde ich frei, mich ganz auf diesen Augenblick einzulassen.

Befreie mich

Gütiger Gott, befreie mich von der Sklaverei meines Egos. Lass mich einfach da sein, ohne zu reflektieren, ob ich gelassen bin oder nicht. Ich möchte frei werden von der Sucht, alles auf mich zu beziehen und alles zu beurteilen. Ich möchte mich im Gebet vor dir einfach vergessen können, damit nur noch deine Gegenwart zählt. Ich ahne, dass mich das befreit von der Herrschaft meines Egos.

31

OKTOBER

Zur Freude geboren

»Der Mensch ist für die Freude geboren«, sagt Blaise Pascal. Er sieht in der Freude ein Wesensmerkmal des Menschen. Und Spiritualität besteht für ihn darin, den Menschen mit seinem Wesen in Berührung zu bringen. Und dieses Wesen des Menschen ist die Freude. Das ist seine tiefste Bestimmung.

Verstanden

Unser Glaube will sich bei uns dadurch verwirklichen, dass wir die Freude widerstrahlen, die uns Christus durch seinen Geist ins Herz gesandt hat. In dem Maß, in dem wir zur Freude fähig sind, zeigen wir, dass wir den Glauben verstanden haben, den uns Jesus Christus in seiner Frohen Botschaft, in seinem Evangelium verkündet hat.

NOVEMBER

Wurzeln finden

1

NOVEMBER

Schonzeit

Die Menschen der Frühzeit glaubten, dass Wurzeln eine schützende Zeit brauchen, damit sie heilende Kraft aus der Erde ziehen können. Sie reichte vom 1. November bis zum 2. Februar. In diesen drei Monaten gehören die Wurzeln der Mutter Erde. Für uns Christen ist dies eine Ermutigung, dass wir uns in dieser Zeit in der Stille Gott anvertrauen, damit er unsere eigenen Wurzeln stärke und reinige.

Unsere eigenen Wurzeln entdecken

Die frühe Kirche hat die Sehnsüchte der Menschen aufgegriffen, die diese mit der Natur verbanden. Sie hat auf den 1. November das Fest Allerheiligen gesetzt, damit wir in den Heiligen unsere Wurzeln finden und auch des Namens gedenken, den wir tragen. Und sie hat auf den 2. November das Fest Allerseelen gelegt, damit wir in unseren Verstorbenen unsere Wurzeln entdecken.

2
NOVEMBER

Symbol der Menschwerdung

Die Heilkräuter waren für die Menschen ein Symbol für ihre eigene Menschwerdung. Die Königskerze beispielsweise vermittelte ihnen etwas von ihrer Würde als Mensch. Die Rose verwies sie auf das Geheimnis der Liebe, das in ihrem Inneren ist. Die Wurzeln der Heilkräuter und der Bäume und Sträucher wurden zum Symbol für das eigene Leben.

Dem Heilenden Nahrung bieten

Die Menschen wussten, dass sie gute Wurzeln brauchen, damit ihr Lebensbaum aufblühen kann und damit das Heilende in ihnen Nahrung findet. Aber ihnen war auch bewusst, dass ihre Wurzeln gefährdet sind.

3

NOVEMBER

Wurzeln, die uns tragen

Jeder Baum braucht gesunde Wurzeln. Und jeder Mensch braucht Wurzeln, damit sein Leben gelingt. Gerade in einer Zeit immer größer werdender Mobilität und Freiheit sehnen wir uns nach Wurzeln, die uns tragen und die uns Halt und Festigkeit mitten in der Unbeständigkeit unserer Zeit geben.

Die eigene Mitte finden

Jeder Mensch hat solche Wurzeln. Doch es ist unsere Aufgabe, sich unserer Wurzel bewusst zu werden. Wer seine eigenen Wurzeln entdeckt und sie meditiert, der kommt in Berührung mit seiner eigenen Identität, der findet seine Mitte.

4

NOVEMBER

Zeiten des Rückzugs und der Stille

Wie die Natur brauchen auch wir immer wieder Zeiten des Rückzugs, damit wir die Wurzeln unseres Lebens entdecken. Und es braucht Zeiten der Stille, in denen wir unsere Wurzeln in Ruhe lassen, damit sie sich tiefer in das Erdreich eingraben und dort die heilende Kraft der Mutter Erde in sich einziehen können.

Wurzeln schlagen

Seine Wurzeln kann einem Menschen keiner rauben. Sie sind in ihm. Sie graben sich überall dort, wo er sich niederlässt, in die Erde ein. Sie lassen ihn teilhaben am Strom des Lebens. Sie schenken ihm den Lebenssaft, den er braucht, damit sein Leben gelingt und damit er die Herausforderungen des Lebens bewältigen kann.

5

NOVEMBER

Gefährdet

Wir Menschen können uns selbst zerstören, wenn wir nur um die eigenen Probleme kreisen. Aber auch Schädlinge von außen – etwa die Kränkungen, die uns Menschen antun – können diese Wurzeln schädigen.

Wenn die Erinnerung an den Wurzeln nagt

Viele zweifeln daran, dass ihre Wurzeln tragen. Sie verbinden mit ihren Wurzeln zu viele negative Erfahrungen, die sie in der Kindheit gemacht haben. Doch wenn wir den Wurzeln nicht trauen, die wir von unseren Vorfahren und die wir von Gott mitbekommen haben, dann werden sie »angenagt«. Und dann kann unser Lebensbaum keine goldenen Äpfel mehr tragen. Dann verdorrt er.

6

NOVEMBER

Wurzellos in der Gegenwart leben

Viele Menschen haben heute ihre Wurzeln verloren. Sie sind sich ihrer Wurzeln nicht bewusst. Sie versuchen, nur in der Gegenwart zu leben, ohne ihre Vergangenheit zu reflektieren. Wer aber seine Wurzeln nicht kennt, der weiß nicht, was sein Lebensbaum braucht, um in seine Gestalt hineinzuwachsen.

Unbeständig

Wer keine Wurzeln hat, der ist unbeständig, er ist ein Augenblicksmensch, er lebt nur im Augenblick. Er hat weder Vergangenheit noch Zukunft. Er bezieht seine Kraft nicht aus der Geschichte. Er lebt gleichsam geschichtslos, und wer ohne seine Wurzeln in der Geschichte lebt, ist auch unfähig, die Geschichte zu gestalten, eine bedeutsame Geschichte zu leben.

7

NOVEMBER

Neues Heil aus abgehauenen Ästen

Der Prophet Jesaja ist überzeugt, dass das Heil nicht einfach aus einem prachtvollen Baum herauswächst. Es sind gerade die Brüche und die abgehauenen Bäume, aus deren Wurzeln das Heil entspringt. Das ist eine Verheißung auch für unser Leben. Auch wenn manches in die Brüche geht, so bleiben doch unsere Wurzeln in der Erde. Aus ihnen kann immer wieder neues Heil entstehen.

Verheißung, die in der Erde ruht

Der Messias, der uns Heil bringt, ist zugleich ein Bild für unser Leben: Gerade in jenen Situationen, in denen etwas in uns abgeschnitten wird, kann aus der Wurzel etwas Neues entstehen. Umso wichtiger ist es, die Wurzeln in der Erde zu belassen und sie zu schützen. In ihnen steckt die Verheißung, dass auch in uns immer wieder etwas Neues aufblühen kann.

8

NOVEMBER

Lebenskraft in Wüstenzeiten

Was die Bibel mit dem Bild des Messias, der aus dem abgeschnittenen Wurzelspross hervorgeht, beschreibt, das erlebe ich immer wieder in der geistlichen Begleitung. Da begegne ich Menschen, die eine schwierige Kindheit hatten. Aber sie bewältigen ihr Leben trotzdem. Offensichtlich haben sie tiefe Wurzeln, aus denen sie selbst in dürren Wüstenzeiten ihre Lebenskraft beziehen können.

Wurzelgrund Gott

Wer von außen verletzt wird, entwickelt oft die Energie, seine Wurzeln nicht nur in die Tiefe seiner Geschichte hineinzugraben, sondern noch tiefer, in den Wurzelgrund Gottes. Er durchbricht die rein psychologische Ebene. Seine Wurzeln graben sich tief in die göttliche Ebene hinein. Dort erhält er eine Kraft, die seinen Baum höher und schöner wachsen lässt als andere.

9

NOVEMBER

Wurzeln, aus denen wir entsprossen sind

In der Wurzel Jesse haben die Menschen nicht nur ein Bild für die Herkunft Jesu gesehen, sondern auch ein Bild für sich selbst. Jeder Mensch hat in seinen Vorfahren ähnliche Wurzeln. Jeder Mensch hat einen Stammbaum. Die Darstellung der Wurzel Jesse erinnert uns an unsere eigenen Wurzeln, aus denen wir entsprossen sind.

Den Stammbaum finden

Die Verletzungen unserer Lebensgeschichte können geheilt werden, wenn wir uns mit unserem Stammbaum auseinandersetzen, der ganz und heil machen kann.

10

NOVEMBER

Keine Erfolgsgeschichte

Jesu Stammbaum ist keine Erfolgsgeschichte. Da gibt es Mörder und Ehebrecher in seinem Stammbaum. Jesus reinigt gleichsam die Wurzeln durch seine göttliche Wurzel.

Heil werden – trotz aller Familiengeheimnisse

Der Stammbaum Jesu nach Matthäus ist eine Verheißung dafür, dass auch unsere Lebensgeschichte sich trotz aller Brüche und dunklen und unerklärlichen Familiengeheimnisse zum Heil wendet, dass sie geheilt und erneuert wird.

11

NOVEMBER

Ohne Stehvermögen

Jesus hat in seinem Gleichnis vom Sämann, der den göttlichen Samen aussät, das Bild der Wurzel gebraucht. In der Deutung meint das: Es gibt Menschen, die sich für vieles begeistern können – aber sie halten nichts durch. Sie haben keine Wurzeln. Für sie wäre es deshalb wichtig, sich der eigenen Wurzeln bewusst zu werden. Nur so kann ihr Leben Frucht bringen.

Kraftlos

Wer keine Wurzeln hat, der hat keine innere Festigkeit in sich. Er wechselt seine Stimmung und seine Meinung, sein Reden und sein Handeln von Augenblick zu Augenblick. Vor allem aber kann er keine Herausforderungen ertragen. Sobald in seinem Leben etwas beschwerlich wird, verliert er alle Kraft. Er hat keine Wurzeln, aus denen er seine Kraft ziehen kann.

12

NOVEMBER

Es gibt kein Leben mit reinen Wurzeln

Jesus erzählt noch ein anderes Gleichnis, in dem es um die Wurzel geht: das vom Unkraut im Weizen. Das Unkraut kann für die Schattenseiten stehen, die wir in unserer Seele vorfinden. Es kann jedoch auch auf die Verletzungen unserer Lebensgeschichte hinweisen, die unsere Wurzeln getrübt haben. Es gibt kein Leben ohne Verletzungen und Kränkungen. Es gibt kein Leben mit reinen Wurzeln.

Unkraut gehört dazu!

Wenn wir die Wurzeln des Unkrauts – die Schattenseiten und Verletzungen – aus uns herausreißen, dann würden wir auch die Wurzeln des Weizens, die uns tragen, mit herausziehen. So könnte nichts in unserer Seele wachsen. Das Gute, das auf dem Acker unserer Seele wächst, braucht auch das Unkraut, die Schattenseiten unserer Seele und die Verletzungen unserer Lebensgeschichte.

13

NOVEMBER

Einladung zur Demut

Das Gleichnis Jesu vom Unkraut und dem Weizen lädt uns ein, bescheiden und demütig zu sein: anzuerkennen, dass unser Leben immer auch Schattenseiten und Verletzungen hat. Und es lädt uns zugleich ein, darauf zu vertrauen, dass das Gute und Gesunde in uns stärker ist als alles Verletzte und Kranke.

Leben mit dem Unvollkommenen

Für Jesus genügt es, am Ende des Lebens beides voneinander zu scheiden. Wir müssen also ein Leben lang mit unseren unvollkommenen Wurzeln leben. Am Ende ist es nur wichtig, dass genügend Weizen in uns herangewachsen ist. Wir dürfen darauf vertrauen, dass das Unkraut den Weizen nicht am Wachsen hindert.

14

NOVEMBER

Mit Liebe düngen

Es ist unsere Aufgabe, den Boden um uns herum aufzugraben und zu düngen, damit unsere Wurzeln gute Nahrung finden. Das Aufgraben meint: seine eigene Wahrheit anschauen und tiefer in das eigene Herz hineinschauen. Das Düngen bezieht sich auf die Liebe, mit der wir uns selbst und unseren Baum anschauen, und auf die Liebe Gottes, die wir in den Wurzelboden unseres Lebens eindringen lassen.

Wohne du in mir

Barmherziger und guter Gott, erfülle du mein Haus mit deinem Licht und deiner Liebe. Wohne du in mir, damit ich alle Räume meines Hauses bewohnen kann, damit ich gemeinsam mit dir in meinem Haus wohnen darf und in dir und mit dir mich selbst finde, so, wie du mich geschaffen und gebildet hast.

15

NOVEMBER

Dialog am Grab

Im November besuchen wir gerne die Gräber unserer Verstorbenen. Bei einer solchen Gelegenheit ist es gut, am Grab einmal innezuhalten und in einen Dialog mit dem Verstorbenen zu treten: Was war dir wichtig in deinem Leben? Was habe ich von dir gelernt? Was wolltest du mit deinem Leben vermitteln? Was ist deine Botschaft jetzt an mich?

Wurzeln, aus denen ich lebe

Wenn ich diese Fragen an den Verstorbenen stelle, achte ich zugleich auf meine Gefühle, wenn ich mich an dieses oder jenes Ereignis aus dem Leben des Verstorbenen, wenn ich mich an diese oder jene Worte von ihm erinnere. Was trage ich von ihm jetzt in meinem Herzen? Wo prägt er meine Wurzeln, aus denen ich heute lebe?

16
NOVEMBER

Bei Gott

Wir Christen vertrauen darauf, dass die Verstorbenen, die wir gekannt haben, bei Gott sind. Wir gedenken ihrer, um ihre Gemeinschaft zu erfahren, um an ihren Wurzeln teilzuhaben. Wir ehren sie, um unsere eigene Herkunft zu ehren.

Wie in einem Spiegel

Wenn ich die Bilder meiner Eltern und Großeltern anschaue, dann sehe ich mich darin selbst wie in einem Spiegel. Ich erkenne immer auch etwas von mir in den Gesichtern meiner Vorfahren. Indem ich die Bilder meditiere, schaue ich in das Geheimnis meiner eigenen Seele. Und ich entdecke in mir Wurzeln, die mir bisher so noch nicht bewusst waren.

17

NOVEMBER

Gebrochenes Leben – offenes Herz

Die Menschen, denen wir wichtige Wurzeln verdanken, sind nicht immer perfekte Menschen gewesen. Gerade auch gebrochene Menschen haben uns ihr offenes Herz gezeigt und uns damit etwas geschenkt, was unsere Wurzeln nährt. Deshalb ist es wichtig, dass wir sie ehren.

Nicht urteilen

Auch wenn ihr Leben nach außen hin gescheitert ist, so haben sie doch eine wichtige Botschaft an uns. Es steht uns nicht zu, über sie zu urteilen. Wir sollten in aller Demut auf die Botschaft hören, die sie an uns richten. Dann können wir unser Leben leben und alles zur Entfaltung bringen, was Gott uns geschenkt hat.

18
NOVEMBER

Auf der Anklagebank

Es ist wichtig, dass wir die Verletzungen und Kränkungen unserer Lebensgeschichte anschauen und uns mit ihnen aussöhnen. Wenn wir sie überspringen, holen sie uns immer wieder ein. Doch wir sollen auch nicht dabei stehen bleiben. Tun wir dies, bleiben wir immer auf der Anklagebank sitzen und werfen unseren Eltern vor, sie seien schuld daran, dass unser Leben nicht gelingt.

Potenzial entdecken

Wenn ich betrauere, dass ich nicht den Vater und die Mutter hatte, die ich mir gewünscht hätte, komme ich durch den Schmerz hindurch mit dem Grund meiner Seele in Berührung. Dort entdecke ich das Potenzial, das mir Gott geschenkt hat, aber auch das Potenzial, das mir in der Auseinandersetzung mit meinen Eltern zugewachsen ist.

19

NOVEMBER

Gegeben, was sie konnten

Durch das Betrauern hindurch entdecke ich auch all das Gute, das mir die Eltern geschenkt haben. Ich erkenne, dass ich in meinen Eltern trotz aller Brüchigkeit auch gesunde Wurzeln habe. Trotz aller Defizite waren sie doch meine Mutter und mein Vater. Und sie haben mir gegeben, was sie geben konnten.

Durch Grenzen wachsen

Weil Vater und Mutter begrenzt waren, haben sie mich herausgefordert, mein Leben selbst in die Hand zu nehmen, Ehrgeiz zu entwickeln und anders zu leben. Sie haben mich gerade durch ihre Grenzen zu dem Menschen gemacht, der ich heute bin.

20
NOVEMBER

Unverletzt im Raum der Stille

Unterhalb der tiefsten Verletzungen – ganz gleich, ob es Missbrauch oder Vernachlässigung oder Kränkung und Beschämung war – ist in mir ein Raum der Stille. Jesus sagt von diesem Raum, dass das Reich Gottes in uns ist. Dort, wo das Reich Gottes in mir ist, haben die Menschen, die mich verletzt haben, keinen Zutritt. Dort ist mein innerster Kern heil geblieben. Die Verletzung hat ihn nicht berührt.

Unverbogen

Wenn ich mich in diesen inneren Raum flüchte, fühle ich mich geborgen und getragen, geschützt und geliebt, heil und ganz, rein und klar, unverletzt und unverbogen. Dort berühre ich die reinen Wurzeln, die Gott in meine Seele gelegt hat.

21

NOVEMBER

Verstehen heißt nicht entschuldigen

Die Eltern verstehen heißt nicht, sie zu entschuldigen oder sie zu rechtfertigen. Was verletzend war, das war verletzend. Aber wenn ich ihr Verhalten verstehe, tut es nicht mehr so weh. Ich empfinde mit mir selbst und zugleich mit den Eltern, die ja auch verletzte Kinder waren.

Empfindlich sein heißt auch empfindsam werden

Ich versuche auch, mich selbst zu verstehen. Ich bin durch diese Verletzungen empfindlich geworden. Ich verurteile mich aber nicht, sondern versuche, mich in meiner Empfindlichkeit anzunehmen. Ich versuche, meine positiven Seiten zu sehen. Dort, wo ich empfindlich bin, bin ich auch empfindsam. Ich habe dann auch ein Gespür für andere Menschen und ihre innere Befindlichkeit.

22

NOVEMBER

Wunden in Perlen verwandeln

Im Leben geht es darum, die eigenen Wunden in Perlen zu verwandeln. Dort, wo ich etwas Schmerzhaftes erfahren habe, habe ich auch etwas erlebt, was mich ausmacht. Das Gleiche hat vielleicht kein anderer erlebt. Diese Erfahrung macht mich erfahren. Ich habe in mir eine Erfahrung, die mich wertvoll und reich macht.

Mit-Fühlen

Die Wunden verweisen mich oft auf meine Fähigkeiten. Weil ich selbst verwundet bin, kann ich die Wunden der anderen besser verstehen – und ich finde eher als andere eine Möglichkeit, diese Wunden zu heilen. Ich fühle mit dem anderen, und ich fühle mich in ihn hinein. Das hilft mir, seine wahren Bedürfnisse und Sehnsüchte wahrzunehmen und darauf zu antworten.

23

NOVEMBER

Den Panzer zerbrechen

Wunden haben auch eine positive Aufgabe. Sie zerbrechen den Panzer, den ich um mein Herz gelegt habe. Sie zerbrechen meine Masken, die ich aufsetze, und demaskieren die Rollen, die ich spiele. Sie brechen mich für mein wahres Selbst auf. Sie halten mich lebendig und helfen mir, weiter nach meinem wahren Selbst zu suchen.

Durchlässig werden

Herr Jesus Christus, du hast am Kreuz dein Leben für mich hingegeben, weil du mich liebst. Ich danke dir für deine gekreuzigte Liebe, die mich frei sein lässt, die mich leben lässt. Und ich bitte dich, dass ich deine Liebe so in mich aufnehme, dass sie durch mich hindurch auch auf die Menschen ausströmt, denen ich Tag für Tag begegne. Lass mich durchlässig werden für deine Liebe.

24
NOVEMBER

Aufgebrochen für andere

Wunden brechen mich auf für andere Menschen. Ich schütze mich nicht mehr mit meinem Panzer vor ihnen. Ich begegne den Menschen mit einem aufgebrochenen und offenen Herzen. Ich lasse sie bei mir eintreten. So kann ich dem anderen wirklich begegnen. Und in der Begegnung kann etwas heil werden in ihm.

Aufgebrochen für Gott

Wunden brechen mich auch auf für Gott. Ich versperre mich nicht mehr Gott gegenüber, sondern lasse Gott an mich heran und in mich hinein. Die Wunden brechen mich auf, damit ich selbst aufbreche zu meinem wahren Selbst, zu den Menschen und zu Gott.

25

NOVEMBER

Abgebrochen – wurzellos

In Gesprächen und Briefen erfahre ich immer wieder von Kindern, die den Kontakt zu den Eltern total abgebrochen haben. Solche Kinder leben letztlich ohne Wurzeln. Das tut auf Dauer nicht gut. Und sie merken gar nicht, wie sie oft die Eltern kopieren, die sie ablehnen.

Mich lassen – die Eltern lassen

Ich bin ich selbst und kann die Eltern so lassen, wie sie sind. Ich kämpfe nicht mit ihnen oder gegen sie. Ich nehme sie wahr, ohne mich von ihnen bestimmen zu lassen. Aber ich ehre sie auch für das, was sie mir gegeben haben. Nur wenn ich sie ehre, achte ich auch mich selbst. Dieses Aussöhnen mit seiner eigenen Herkunft ist entscheidend dafür, dass meine Wurzeln mich tragen.

26

NOVEMBER

Die Schuld bei den Eltern lassen

Ich spüre die Verbundenheit zu meinen Eltern – und lasse die Schuld bei ihnen, ohne sie zu verurteilen. Dann brauche ich mich nicht mehr für meine Vorfahren zu schämen. Denn in der Scham stelle ich mich letztlich überheblich über sie.

Mit Liebe und Anerkennung reinigen

Wer mit den Wurzeln seiner Eltern in Berührung ist, der kann mit der Kraft seiner Eltern erfüllt seinen eigenen Weg gehen. Doch die Wurzeln müssen gereinigt werden. Und das geschieht durch die Liebe und durch die Anerkennung, dass meine Familie diese Geschichte mit ihren Verwicklungen und ihrer Schuld hat. Nur die angeschaute Schuld kann vergeben werden.

27

NOVEMBER

Einreihen und teilhaben

Indem wir Rituale feiern, haben wir Anteil an der Glaubens- und Lebenskraft früherer Generationen. Wir reihen uns in die Schar der Gläubigen ein, die mit diesen Ritualen ihr Leben bewältigt haben. Und wir reihen uns in die Schar der Christen ein, die auf der ganzen Welt die gleichen Rituale vollziehen.

Gemeinsame Wurzeln

Diese Rituale sind demnach nicht nur Wurzeln, die in die Vergangenheit reichen, sondern auch Wurzeln, die in die Breite gehen und die uns in die große Gemeinschaft der Christen einwurzeln.

28

NOVEMBER

Lebendiges Vaterunser

Im Vaterunser sprechen wir nicht nur die Worte nach, die Jesus uns vorgesagt hat. Wir beten auch Worte, die durch die vielen Menschen vor uns angereichert sind, die dieses Gebet gesprochen haben. Vielleicht haben die Menschen nicht immer genau gewusst, was sie da beten. Aber dieses Gebet war für sie eine Stütze und ein Wegweiser in ihrem Leben.

Blühende Wurzeln

Im Beten habe ich teil an den Wurzeln, die mir meine Eltern und meine Mitbrüder durch ihren Glauben geschenkt haben. Und ich habe schon teil an der Vollendung, an der Blüte, die aus den Wurzeln emporgewachsen ist.

29

NOVEMBER

Heimat finden

Wir tauchen durch Rituale in das Leben unserer Vorfahren ein, das uns in ihnen aufscheint. Rituale nehmen die Hektik aus dem Leben. Sie verbreiten Ruhe und Geborgenheit. Man findet in ihnen Heimat. Man kann sich in ihnen ausruhen.

Rituale schenken Lebenskraft

Rituale schenken gerade alten Menschen Anteil an den Wurzeln ihrer Vorfahren. Das hilft ihnen, dass ihr Lebensbaum auch heute unter den erschwerten Umständen des Alters noch genügend Lebenssaft und Lebenskraft aus den Wurzeln zieht.

30
NOVEMBER

Bei mir selbst ankommen

Gerade die Advents- und Weihnachtszeit ist eine gute Zeit, um mit den eigenen Wurzeln in Berührung zu kommen. Im Advent geht es darum, dass Christus zu mir kommt, damit ich bei mir selbst ankomme. Ich komme in der Begegnung mit ihm in Berührung mit meinem wahren Wesen und mit meinen Wurzeln.

Adventskranz – Bild für ein gelingendes Leben

Das Vertrauen, bei sich selbst anzukommen, wird durch den Adventskranz ausgedrückt. Er wird aus Tannenzweigen geflochten und verheißt uns, dass bei allen Verwicklungen und Verflechtungen unseres Lebens doch ein Kranz entsteht. Er ist ein Bild für das gelingende Leben. So vertrauen wir im Blick auf den Adventskranz darauf, dass Gott alles Kantige und Brüchige in uns abrundet und ganz macht.

DEZEMBER

Kind

werden

1
DEZEMBER

Entfachte Sehnsucht

Der Dezember als Zeit des Advents entfacht in uns die Sehnsucht, die schon unsere Vorfahren in ihren Adventsliedern und Adventsritualen zum Ausdruck gebracht haben. Der Advent fordert uns auf, bei uns selbst und bei unseren Wurzeln anzukommen.

Das göttliche Kind in uns

An Weihnachten feiern wir das göttliche Kind, das in uns geboren wird. Es zeigt uns, dass unsere tiefste Wurzel in Gott hineinreicht. Diese göttliche Wurzel will in der Weihnachtszeit bedacht werden, damit sie in uns immer stärker wird.

2

DEZEMBER

Einzigartiges Bild

Das göttliche Kind steht für das ursprüngliche, einmalige und einzigartige Bild, das Gott sich von jedem von uns gemacht hat. Es führt uns in den Raum der Stille, in dem wir mit unserem wahren Wesen in Berührung kommen. In diesem Raum der Stille wird Gott in uns geboren.

Das Geheimnis von Weihnachten

Das ist das Geheimnis von Weihnachten: Gottes Geburt in der menschlichen Seele bedeutet, dass wir von allen Bildern frei werden, die andere uns übergestülpt haben, und dass wir mit dem unverfälschten Bild Gottes in uns in Berührung kommen. Das führt uns zum inneren Frieden mit uns selbst.

3

DEZEMBER

Das verletzte Kind in uns

Doch wir haben nicht nur das göttliche Kind in uns. Die Psychologie spricht heute davon, dass jeder in sich auch ein verletztes Kind trägt. Dieses verletzte Kind schreit auf, wenn wir heute auf ähnliche Weise wie damals in unserer Kindheit verletzt werden.

Umarmen

Es ist unsere Aufgabe, das verletzte Kind in uns in den Arm zu nehmen. Wir sollen das verletzte Kind in uns umarmen, uns ihm liebevoll zuwenden, mit ihm das Gespräch anfangen, uns mit ihm vertraut machen und es trösten.

4
DEZEMBER

Dableiben, helfen, annehmen

Wenn ich das verlassene Kind in mir spüre, dann verspreche ich ihm, dass ich es nicht verlassen werde. Ich werde bei mir selbst bleiben und mich nicht selbst verlassen. Ich bin nicht nur das hilflose Kind, sondern auch der Mensch, der sich zu helfen weiß. Ich bin nicht nur das abgelehnte Kind. Es ist meine Verantwortung, mich selbst und dieses abgelehnte Kind in mir anzunehmen.

Erfüllen, vorbereiten, sorgen

Ich bin nicht nur das zu kurz gekommene Kind. Ich kann heute selbst für mich sorgen und mir ein wichtiges Bedürfnis erfüllen. Ich bin nicht nur das überforderte Kind. Ich kann mich selbst auf die Aufgaben vorbereiten, die mir das Leben stellt. Ich bin der Überforderung nicht hilflos ausgesetzt. Ich bin nicht nur das vernachlässigte Kind. Ich sorge für mich. Ich gehe gut mit mir um. Ich schaue auf mich

5

DEZEMBER

Gekreuzte Gegensätze

Die Kreuzgebärde ist eine Gebärde der Umarmung. Jesus umarmt uns in unserer Gegensätzlichkeit – und Jesus umarmt das verletzte Kind in uns, damit wir es mit ihm selbst umarmen.

Gekreuzte Umarmung

Ich stelle mich aufrecht hin und lege meine Hände über Kreuz auf meine Brust. Weil ich von Christus am Kreuz umarmt bin, umarme ich in mir das verletzte Kind. Ich umarme das verlassene, das übersehene, das überforderte, das hilflose, das lächerlich gemachte, das beschämte, das zu kurz gekommene, das vernachlässigte, das geschlagene, das abgelehnte Kind.

6

DEZEMBER

Vom verletzten zum göttlichen Kind gelangen

Dann stelle ich mir vor: Das verletzte Kind führt mich zum göttlichen Kind in mir. Unterhalb des verletzten Kindes ist das göttliche Kind in mir. Es ist in meinem Seelengrund, in dem Raum der Stille in mir. Dort, wo das göttliche Kind in mir ist, bin ich frei von den Meinungen der Menschen, von ihren Erwartungen, von dem, was sie über mich denken und sagen. Dort bin ich heil und ganz.

Unberührt

Das göttliche Kind schenkt mir die Gewissheit, dass mein innerster Personkern durch die Verletzungen meiner Kindheit nicht berührt worden ist. Verletzende und kränkende Worte können in diesen inneren Raum nicht vordringen. Sie dringen nur in den emotionalen Bereich meiner Seele ein, aber nicht in den spirituellen Bereich.

7

DEZEMBER

Einfach ich selbst sein

Dort, wo das göttliche Kind in mir ist, bin ich ursprünglich und authentisch. Dort muss ich mich nicht beweisen. Dort brauche ich keine Masken, um nach außen hin sicher zu erscheinen. Dort bin ich einfach ich selbst, ohne Druck, mich beweisen, rechtfertigen oder erklären zu müssen.

Unberührt von Schuld

Das göttliche Kind führt mich nach innen in den reinen und lauteren Raum meiner Seele. Dort ist mein inneres Selbst unverfälscht, ungetrübt und unberührt von Schuld. Und das göttliche Kind führt mich in den Raum, in dem ich bei mir selbst daheim sein kann, weil dort das Geheimnis Gottes in mir wohnt.

8

DEZEMBER

Fremd in der Welt

In uns ist etwas, das diese Welt übersteigt und das sich in dieser Welt immer fremd fühlt. Wir sind göttliche Kinder, die in einer Welt leben, die ihnen fremd vorkommt, die sich ausgesetzt fühlen.

Das ausgesetzte Kind als Heilsbringer

Der Mythos des ausgesetzten göttlichen Kindes begegnet uns nicht nur bei Mose und Jesus, sondern auch bei Krishna, Perseus, Siegfried und Buddha. Wir alle sind letztlich ausgesetzte göttliche Kinder. Die Verletzungsgeschichte gehört zu unserem Weg. Aber dies ist nur der eine Teil unseres Lebens. Genauso wichtig ist, dass all diese göttlichen Kinder zu Heilsbringern wurden.

9

DEZEMBER

Auf der Suche nach Heimat

Als ausgesetzte göttliche Kinder sind wir ständig auf der Suche nach Heimat. Und auch wenn wir etwas Geborgenheit und Heimat gefunden haben, spüren wir, dass wir noch weitergehen müssen. Erst in Gott finden wir wirklich Heimat.

Daheim in der Stille

Diese innere Heimat ist manchmal in der Stille schon jetzt erfahrbar. Das göttliche Kind führt uns in diese innere Heimat, damit wir von dort aus wieder aufbrechen und uns auf den Weg zu unserer letzten Heimat machen.

10

DEZEMBER

Licht, das die Finsternis vertreibt

Das göttliche Kind bringt uns in Berührung mit der Kreativität, die Gott uns geschenkt hat, mit der einzigartigen persönlichen Begabung, die jeder von uns in sich trägt. Wir können in der Suche nach dem göttlichen Kind in uns eine neue Welt für uns aufbauen: eine Welt, in der das göttliche Licht unsere Finsternis vertreibt.

Bei uns selbst ankommen

Guter Gott, in der Adventszeit warten wir auf das Kommen deines Sohnes. Wir erwarten sein Kommen in jedem Augenblick, da er an die Tür unseres Herzens pocht, um es für deine Liebe aufzuschließen. Wir erwarten den Kommenden und wissen doch, dass er schon bei uns ist. Wir bitten darum, dass Jesus zu uns kommt, damit wir endlich bei uns selbst ankommen.

11

DEZEMBER

Behutsam und zärtlich

Wenn Gott am Weihnachten als Kind zu uns kommt, dann heißt das, dass wir behutsam und zärtlich mit ihm umgehen müssen. Wir können Gott nicht in den Griff bekommen. Wir können ihn nur erahnen in der Stille unseres Herzens.

Unberührt vom Lärm

Wir können Gott nur zärtlich berühren in dem Ort des reinen Schweigens, der unberührt ist vom Lärm dieser Welt und vom Lärm unserer eigenen Gedanken. Wir können über Gott nicht mit lauten Worten sprechen, sondern nur so zart und leise wie zu einem Kind.

12

DEZEMBER

Von Herzen

Zu einem Kind sagen wir nur Worte, die aus dem Herzen kommen. So können wir auch Gott nur begegnen, wenn wir ihm unser Herz öffnen.

Weit und offen

Guter Gott, lass diese Adventszeit für uns eine gesegnete Zeit werden – eine Zeit, in der wir ankommen bei uns selbst und in diesem Augenblick. Lass durch das Warten auf deinen Sohn unser Herz weit und offen werden, damit er wirklich in unser Herz eintreten kann.

13

DEZEMBER

Alte Träume neu träumen

An Weihnachten setzt Gott einen neuen Anfang. Wir sind nicht festgelegt durch unsere Lebensgeschichte, durch die Verletzungen der Vergangenheit und durch das Zerbrechen mancher Lebensträume. Wir dürfen die alten Träume von einem erfüllten Leben wieder neu träumen. Sie haben mehr recht als unsere Resignation.

Den Neubeginn möglich machen

Wenn Gott als Kind zu uns kommt, dann ermöglicht er uns einen Neubeginn. Dann verheißt er uns, dass alles gut werden kann mit uns, dass es noch nicht zu spät ist, dass Gott jetzt in diesem Augenblick in mir geboren werden will, dass meine Vergangenheit Gott nicht davon abhalten kann, alles in mir zu verwandeln und zu erneuern.

14

DEZEMBER

Himmel und Erde vereinen

Gott zeigt uns an Weihnachten, wie auch unsere Menschwerdung gelingen könnte. Gott steigt vom Himmel herab auf die Erde. Wir werden nur dann Mensch, wenn wir die beiden Pole, Himmel und Erde, in uns zusammenbringen, wenn wir Ja sagen zu unserer irdischen Existenz.

Gegensätze umarmen

Gütiger Gott, das Kreuz ist für mich auch ein Zeichen, dass dein Sohn mit seiner Liebe alles in mir umarmt, damit auch ich mich liebevoll selbst umarme in meiner Gegensätzlichkeit: in meiner Stärke und meiner Schwäche, in meiner Gesundheit und in meiner Krankheit, in meiner Angst und in meinem Vertrauen.

15

DEZEMBER

Gott kommt auch in meinem Stall zur Welt

Gott wird in einem Stall geboren und nicht in einem Palast. Gott will auch in meinem Stall geboren werden, dort, wo es in mir unaufgeräumt ist, wo es unangenehm riecht, in meinem Chaos, in dem Bereich, der von Tieren bewohnt wird, von meinen Instinkten, Leidenschaften und Trieben.

Geboren in meiner Armut

Gott will in meine Armut hineingeboren werden, dort hinein, wo ich mich der eigenen Leere und Ohnmacht stelle, in der ich die Hände öffne und mich in meiner Armut Gott ergebe. Dort, wo ich nichts bin, will Gott in mir aufscheinen in seiner Herrlichkeit. Dann erst werde ich wahrhaft Mensch.

16

DEZEMBER

Gott ist einer von uns geworden

In Jesus ist Gott wirklich mit uns. Er ist nicht mehr über uns, sondern er ist einer von uns geworden. Er geht mit uns alle unsere Wege. Er hat sich so in unsere Geschichte eingesenkt, dass er uns mit unserem Schicksal nicht mehr alleinlässt.

Gott ist mit dir

Gott wird mit dir sein, auch wenn du nicht an ihn denkst. Gott ist mit dir, wenn du dich verlassen fühlst, aber auch, wenn du dich von ihm abwendest. Gott ist mit dir, wenn du froh deinen Weg gehst und wenn du traurig bist. Gottes Gegenwart schenkt deinem Leben einen neuen Glanz und heilt alle deine Wunden.

17

DEZEMBER

Unverborgener

Manche Sehnsucht ist mit Erfahrungen der Kindheit verbunden. Aber trotzdem ist sie nicht nach rückwärts gerichtet, sondern sie geht in die Zukunft. In der Kindheit sind die Ahnungen von einem erfüllten Leben nur unverborgener hervorgetreten.

Keine Illusion

Der Advent sagt mir, dass meine Sehnsüchte keine Illusionen sind, sondern eine Welt verheißen, in der das Licht Gottes Wärme und Liebe verbreitet, in der ich wahrhaft daheim sein kann, in der eine Blume aufblüht »mitten im kalten Winter wohl zu der halben Nacht«.

18
DEZEMBER

Erfüllte Ahnung

Unsere Sehnsüchte streben letztlich nach einer Vergöttlichung des Menschen. Wenn Gott selbst kommt und uns vergöttlicht, dann ist unsere Ahnung erfüllt worden, dass es doch eine Liebe geben muss, die keine Grenzen kennt, dass es doch eine Heimat geben muss, in der wir für immer daheim sein können, dass doch das Licht endgültig alle Dunkelheit und Kälte vertreiben wird.

Sucht in Sehnsucht verwandeln

Verwandle in dieser Zeit des Advents unsere Süchte, die uns immer wieder gefangen halten, in Sehnsucht. Schenke uns die Gewissheit, dass in der Sehnsucht nach dem Kommen deines Sohnes dein Sohn schon angekommen ist in unserem Herzen und unser Herz mit Liebe erfüllt.

19
DEZEMBER

Zu Hause fühlen

Wir stellen Christbäume auf, zünden Kerzen an, wir singen Weihnachtslieder, die in Bildern das Geheimnis der Menschwerdung künden und in ihren trauten Melodien etwas davon vermitteln, dass unsere Welt anders geworden ist durch Gottes Kommen, dass wir uns in ihr ein Stück weit zu Hause fühlen können.

Wieder Kind werden

Wir besingen das göttliche Kind in der Krippe, um in uns selbst die Möglichkeiten eines Kindes zu entfalten: das Spontane und Unverfälschte, die Lebendigkeit und Echtheit, das Unverbrauchte und Unverdorbene.

20

DEZEMBER

Die Krippe in mir

Wir können von diesem Geheimnis etwas erahnen, wenn wir uns einmal still vor das Bild der Krippe hinsetzen, es in uns aufnehmen und uns vorstellen: dort, wo weder meine Gedanken noch mein Wollen und Planen hinreichen, da ist die Krippe in mir, in der das göttliche Kind liegt.

Still werden, behutsam und zärtlich

In mir ist Gott, genauso zärtlich und leicht übersehbar wie dieses Kind. Wenn Gott wie ein Kind in uns wohnt, dann geht etwas von dem Geheimnis eines Kindes auf uns über. Wir werden ganz still, ganz behutsam und zärtlich.

21
DEZEMBER

Dem Engel trauen

Weihnachten ist auch für uns eine Herausforderung, den oft so leisen Impulsen des Engels zu trauen. Der Engel hat Maria ein Kind verheißen, das heilig sein wird. Etwas Neues, etwas Heiliges, etwas, über das die Welt keine Macht hat, wird in ihr und durch sie geboren.

Geschenk Gottes

Das Einmalige, das Gott in der Geburt Jesu geschaffen hat, da Gott selbst Mensch geworden ist, wirft auch ein Licht auf unser Leben. Wenn ein Kind geboren wird, ist es nie nur das Wirken der Menschen, sondern immer auch Geschenk Gottes. Gott verheißt jedem Kind, dass er mit ihm sein wird. So zeigt uns Gott durch das Kind etwas von seiner Liebe und ist in dem Kind selbst bei uns anwesend.

22

DEZEMBER

Friede soll werden

In diesem Kind von Betlehem hat Gott seinen Frieden in diese Welt gebracht. Weihnachten spricht unsere Sehnsucht nach Frieden in der Welt und in unseren Familien an. Wenn wir gemeinsam die Botschaft dieser wunderbaren Weihnachtserzählung in unser Herz eindringen lassen, kann in uns Friede werden.

Nachhaltig verändert

In diesem kleinen Kind im Stall wird den Menschen der wahre Retter und eigentliche Herr der Welt geboren. Nicht der Kaiser rettet diese Welt und regiert als Herr. Gott hat vielmehr in dem Kind in der Krippe seine Herrschaft in der Welt errichtet. Sie wird durch die Macht der Liebe hindurch in diese Welt hineinwirken und sie nachhaltiger verändern, als jede militärische Macht es jemals vermochte.

23
DEZEMBER

Keine heile Welt

Weihnachten will keine heile Welt verkünden. Aber es will gerade die Menschen anrühren, die in sich verzweifelt sind, die sich einsam fühlen, abgeschnitten vom Leben. Das Kind in der Krippe ist eine Verheißung, dass da mitten in ihrer Fühllosigkeit doch ein Schimmer von Gefühl aufbricht, dass da mitten in ihrer Dunkelheit ein Licht aufleuchtet und das Kind den Gefühlspanzer durchbricht.

Alleinsein – All-Einssein

Guter Gott, ich fühle mich einsam. Verwandle mein Alleinsein, dass es zum All-Einssein wird. Dann werde ich in meinem Alleinsein erfahren, dass ich mit allem eins bin, mit allen Menschen, mit aller Welt, mit dem Sein und letztlich mit Gott. Dann löst sich meine Einsamkeit auf in die Erfahrung von Einssein und Getragensein.

24
DEZEMBER

Die Zärtlichkeit Gottes

In Jesus leuchtet uns die Zärtlichkeit Gottes auf. Da bekommt der allmächtige Gott ein menschliches Herz, voller Liebe und Zärtlichkeit.

Das innerste Geheimnis erfahren

Indem wir auf Jesus schauen, blicken wir durch, da wird uns das innerste Geheimnis der Welt klar. Es ist dann keine unverständliche, kalte und dunkle Welt mehr, sondern eine Welt, die vom Wort Gottes geschaffen wurde, das in diesem Kind in der Krippe so zärtlich und liebevoll aufleuchtet.

25
DEZEMBER

Nach innen schauen

Die Magier kommen aus dem Osten, dort, wo die Sonne aufgeht. Sie schauen in die Nacht, erforschen die Sterne. Sie sind Menschen, die nach innen schauen, auf die Ahnungen des Herzens. Dort am Firmament ihres Herzens leuchtet ein Stern auf, der ihnen die Geburt eines göttlichen Kindes verheißt.

Dem Stern folgen

Weihnachten will uns einladen, uns wie die Sterndeuter aufzumachen und dem Stern zu folgen, der uns zu dem göttlichen Kind führt. Das Kind wird nicht in der Hauptstadt geboren, nicht dort, wo wir unsere Geschäfte betreiben, wo wir Erfolg haben und etwas gelten, sondern in Betlehem, in der Provinz, in den unbedeutenden und vernachlässigten Teilen unserer Seele.

26
DEZEMBER

Sich selbst vergessen

Die Magier fallen vor dem Kind nieder und beten es an. Und indem sie sich selbst vergessen und sich vor dem Kind beugen, werden sie selbst wie ein Kind. Sie legen ihre Gaben nieder: Das Gold als Zeichen ihres Besitzes. Sie brauchen nun ihren Reichtum nicht mehr, das Kind genügt ihnen. Es beschenkt sie mehr als alles Gold.

Heimat ist, wo das Geheimnis wohnt

Der Weihrauch ist Zeichen ihrer Sehnsucht. Die ist nun gestillt, nun sind sie wahrhaft daheim angekommen. Heimat erfährt man nur dort, wo das Geheimnis wohnt.

27

DEZEMBER

Väterlich und mütterlich sein

Das Schicksal Jesu ist ein Bild auch für uns. Das Neue, das in uns geboren werden will, wird bedroht von den Mächten, die alles beim Alten lassen wollen. Es braucht den Schutz von Vater und Mutter, das heißt, es braucht nicht nur den Schutz anderer Menschen, sondern vor allem deinen eigenen Schutz. Du musst väterlich und mütterlich umgehen mit dem, was in dir entstehen möchte.

Traumweisung

Oft gibt auch uns ein Engel im Traum die Weisung, nun endlich aufzustehen und das eigene Leben zu wagen. Wir sollten dem göttlichen Kind in uns trauen. Es ist stark genug, sich gegen die alten Mächte dieser Welt, gegen die alten Stimmen in unserem Über-Ich durchzusetzen.

28
DEZEMBER

Keine Macht mehr

Die Mächte, die dem göttlichen Kind nach dem Leben trachten, sind tot. Sie haben keine Macht mehr über dich. Das göttliche Kind, das ist deine Seele. Das ist die innere Ahnung, wer du wirklich bist. Das ist die Verheißung, dass du einmalig bist und eine einzigartige Lebensspur in diese Welt eingräbst.

Christus sichtbar werden lassen

Das ist meine Hoffnung an jedem Weihnachtsfest, dass ich das Bild des göttlichen Kindes und in ihm Christus selbst so tief in mich einbilde, dass alles, was ich nach außen denke, tue und ausstrahle, Christus ausbildet, Christus sichtbar werden lässt.

29

DEZEMBER

In einem anderen Licht sehen

An Weihnachten wünschen wir einander »Gesegnete und frohe Weihnachten«. Wir gehen aufeinander zu. Und in diesem Zugehen steckt die Hoffnung, dass wir nicht nur an Weihnachten, sondern über Weihnachten hinaus für lange Zeit einander in einem anderen Licht sehen werden.

Sende deinen Segen

Barmherziger Gott, sende deinen Segen als Hoffnung zu den Hoffnungslosen und Verzweifelten, als Lebendigkeit zu den Erstarrten, als Licht zu denen, in deren Herzen es dunkel geworden ist. Segne uns, damit wir füreinander zum Segen werden. Erfülle mit deinem Segen die ganze Welt, damit wir die Welt als Segen erfahren dürfen.

30
DEZEMBER

Die heilende Kraft der Wurzel

Das Licht von Weihnachten ist so tief in unsere Dunkelheit eingedrungen, und die göttliche Wurzel, die Gott uns in der Menschwerdung seines Sohnes geschenkt hat, hat unsere menschlichen Wurzeln so sehr gereinigt, dass wir jetzt im ganzen Jahr die heilende Kraft unserer Wurzeln entfalten dürfen.

Ein Jahr des Heils

Gott ist mit uns, das ist die tröstliche Botschaft, mit der uns die Kirche in das neue Jahr entlässt. Wenn du Gottes heilende und liebende Nähe ernst nimmst, wenn du sie erfährst, dann wird sich das neue Jahr für dich wahrhaft zu einem Jahr des Heils verwandeln.

31

DEZEMBER

Ans Ziel kommen

Unser Weg ist nicht umsonst. Wir werden ans Ziel kommen. Wir werden Gott finden. Denn er ist uns schon entgegengekommen in Jesus Christus.

Bis zum guten Ende

Barmherziger Gott, das alte Jahr geht zu Ende. Es liegt vor mir mit allem, was ich erlebt habe. Ich halte dir das vergangene Jahr hin. Ich übergebe es dir. Ich verzichte darauf, es zu bewerten. Du erinnerst mich daran, dass die Zeit vergeht. Lass mich am Ende dieses Jahres mein eigenes Ende in den Blick nehmen und darum bitten, dass nicht nur dieses Jahr, sondern auch mein Leben einmal gut enden wird.